杉岡幸徳
Kotoku Sugioka

奇妙な漢字

ポプラ新書
234

はじめに

これは、奇妙な漢字にまつわる本です。

ほとんどの方は、見たこともない漢字かもしれません。「こんな漢字が本当にあるの?」と疑問に思われる方もいるでしょう。

しかし、これらはすべて実在する漢字です。どこかの辞書や書物にきっちりと載っているのです。私が勝手にでっちあげた字は、残念ながら一つもありません。

なぜこんな奇妙な漢字が存在するのか。不思議な漢字の形や息づかいをご堪能ください。

杉岡幸徳

世にも奇妙な漢字の世界へようこそ

まずは本書で扱う漢字が掲載されている実際の書物をご覧ください。

p.258掲載

p.136掲載

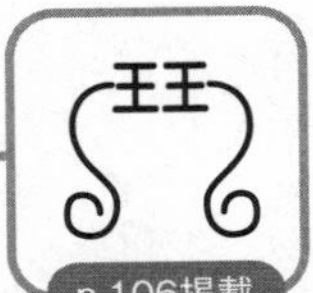
p.106掲載

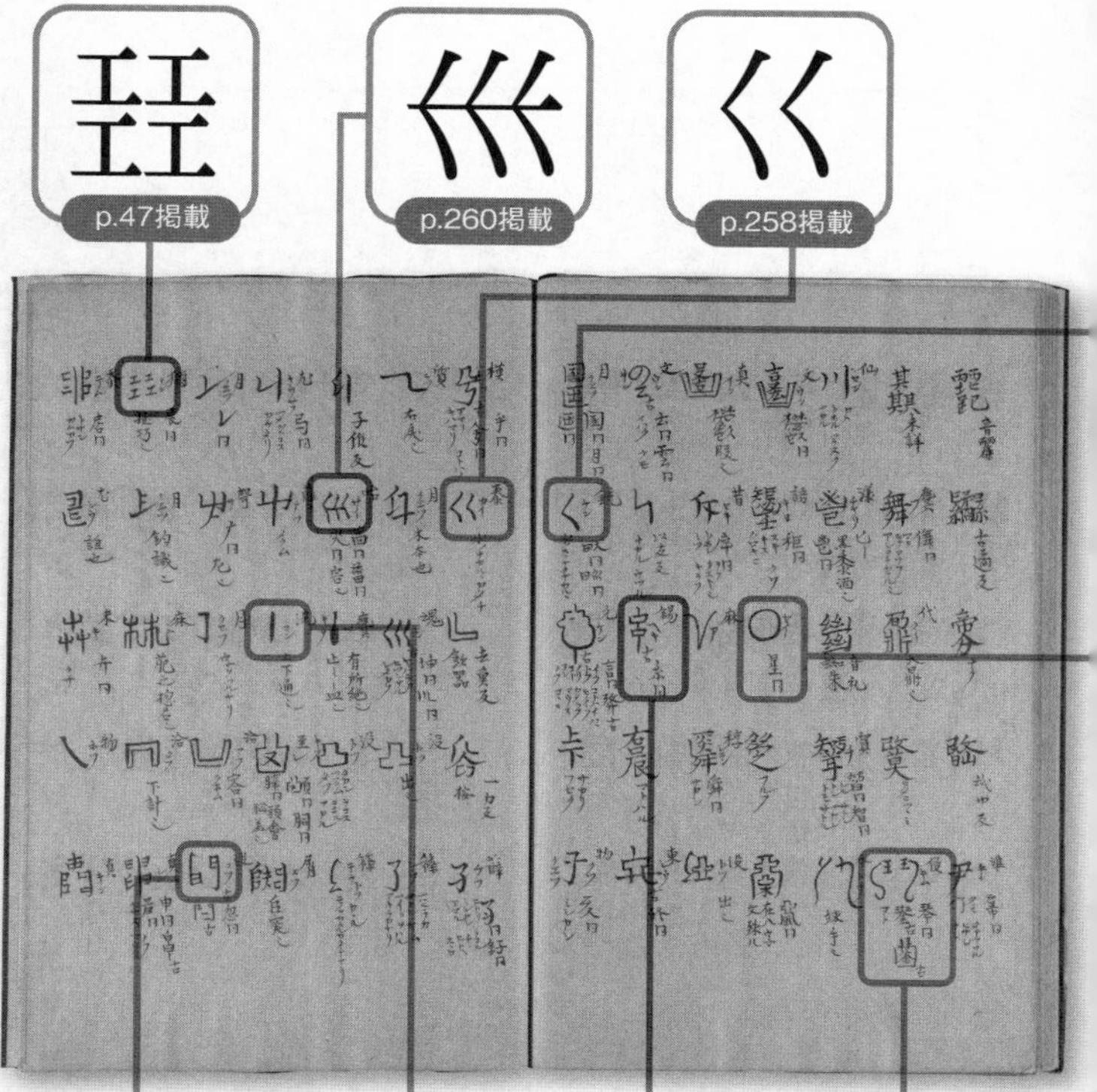

【出典】
『字鏡集 巻七』
菅原為長／著

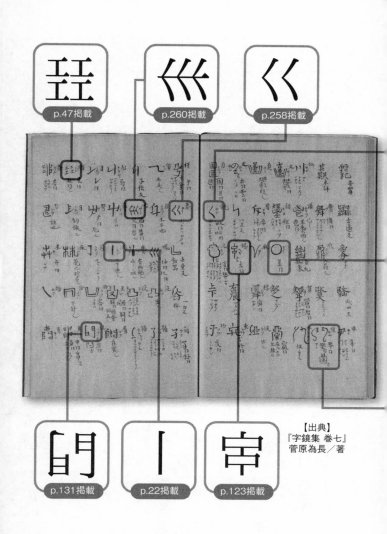

【出典】
『廓簒費字尽』
恋川春町／著

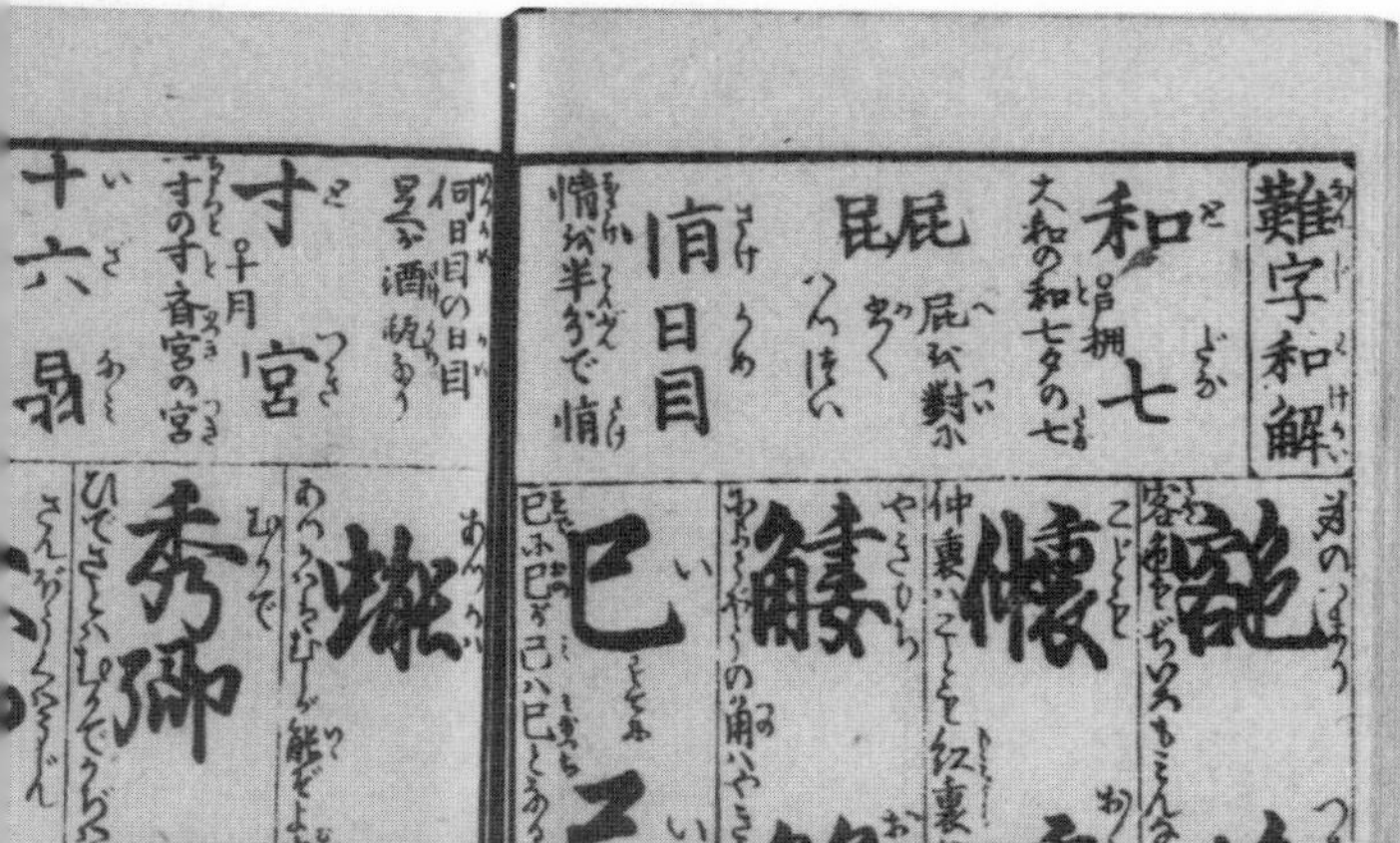

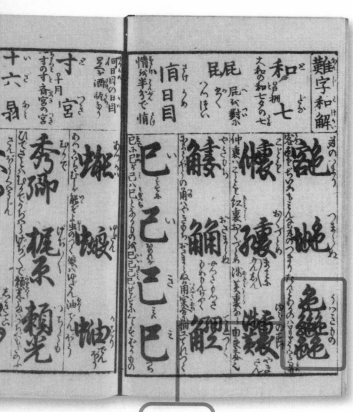

【出典】
『譃字尽』
式亭三馬／著

色
色色色
色色

p.19掲載

奇妙な漢字　もくじ

【本書の見方】

轟

車部14画（21）……部首　部首内画数　（　）内は総画数

（音）ゴウ……（音）：音読み

（訓）とどろ-く……（訓）：訓読み

（意味）とどろく。大きな音がひびく……（音）、（訓）、（意味）は、主なものを記載した。

訓読みの「-」以降は送り仮名。

送り仮名が不明なものは表記しない。

（＊）は『大漢和辞典』による。

【知っておきたい用語】

甲骨文字……亀の甲羅や獣の骨に刻まれた文字

金文……青銅器に記された文字

古文……戦国時代の中国の東方で使われた文字。広義には小篆《しょうてん》以前の文字

籀文《ちゅうぶん》……戦国時代の中国の西方で使われた文字。大篆《だいてん》とも

篆書《てんしょ》……秦の始皇帝が定めた書体。小篆《しょうてん》とも
隷書《れいしょ》……漢の時代に普及した直線的な書体
楷書……崩さずに書く現代の標準的な書体

本字……主に『説文解字《せつもんかいじ》』の篆書を楷書にしたもの
正字……常用漢字・人名漢字以外で主に『康熙字典《こうき》』に基づくもの
異体字……読み方や意味は同じだが字体が違うもの
譌字《かじ》……誤字のこと
俗字……正しくはないが一般的に使われるもの
国字……日本で作られたもの
則天文字……唐・周の則天武后が作らせたもの
音符……形声文字の音を表わす部分

象形文字……物の形をかたどって作られた文字。例：日、山
指事文字……抽象的な概念を表わした文字。例：一、上
会意文字……二つ以上の字を意味に注目して合成した文字。例：林、凪
形声文字……意味を表わす字と音を表わす字を組み合わせた文字。例：河、銅
仮借文字……同じ音の漢字を他の意味のために転用した文字。例：革、我
転注文字……一つの字を他の意味のために転用した文字。例：楽、妻

【書体の変遷（例・子）】

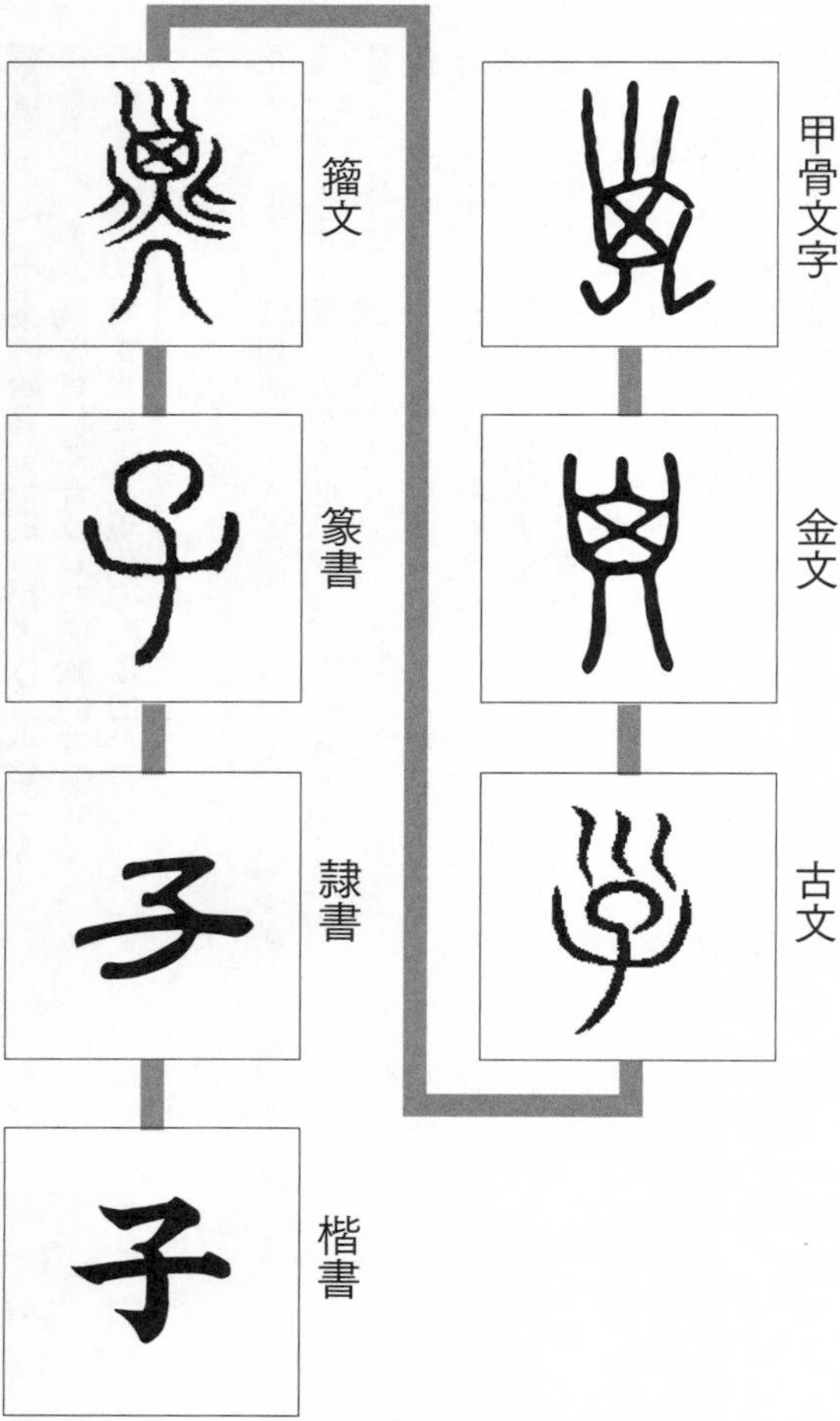

第一章

形が奇妙な漢字

𰻞

之繞部54画（57）　㊔ビァン

（意味）𰻞𰻞麺の𰻞

麺のためだけに存在する字

中国の陝西省に𰻞《びぁん》𰻞《びぁん》麺《めん》という麺料理があるが、それを表記するためだけに存在する漢字。𰻞𰻞麺とは、きしめんのような幅の広い麺を茹で、その上に唐辛子、醤油、油などをかけたもの。

この漢字の内部は複雑怪奇で、中にはごったまぜになって「具」が絡み合っている。麺類がとぐろを巻いているようにも見える。

あまりに複雑すぎるので、この漢字の書き方を覚えるための「詩」すら存在する。もっともそこまでして覚えても、𰻞𰻞麺と書くとき以外に使い道はないのだが。

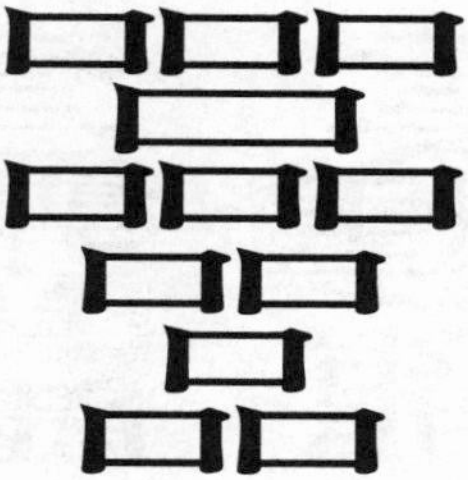

口部33画（36）　㊇おしゃべり
（意味）おしゃべり

口の極限状態へ

「口」を三つ並べた「品」は我々にも身近な漢字だが、さらに極限まで推し進めて、十二個も積み重ねた漢字がこれである。意味は「おしゃべり」。

このふざけた字は、江戸時代の戯作者である式亭三馬の『譃《うそ》字《じ》尽《づくし》』という本の中に出てくる。

それにしても、とてつもなく喧《やかま》しそうな字である。

？部？画（84）　㊟訓たいと・だいと・おとど

意味 未詳

もっとも画数の多い漢字

ほとんどの辞書には載っておらず、長い間実在さえ疑問視されてきた「幽霊文字」である。もっとも画数の多い漢字でもある。人名に使う。

ただし、こういう名前の人が実在するという明晰な証拠はない。一九六〇年代、ある証券会社に一人の男が現れ、「𱁬」と書かれた名刺を差し出した——という極めて怪しい伝説が残っているだけだ。

しかし、今ではこの字を店名に使ったラーメン屋まであり、字もunicodeに登録されている。幽霊が肉体を持って蠢《うごめ》きはじめたのである。

𪻒

色部30画（36）
訓 うわきもの
意味 浮気者

恋の奴隷

『謳字尽《うそじづくし》』より。この本には、同じ部品を積み重ねた漢字が多く登場する。「色」を六つ集めて、「うわきもの」と読む。よほど色情にとりつかれた人間なのだろう。

𪋻

土部36画（39）
音 ジン
訓 ちり
意味 ちり

複雑かつ単純

複雑で格好のいい字だ。よく見ると「鹿」と「土」に似た部品しかないのも、実はシンプルでいい。

といっても、これは「塵《じん》」の籀文《ちゅうぶん》である。要するに、ちり、ごみという意味だ。

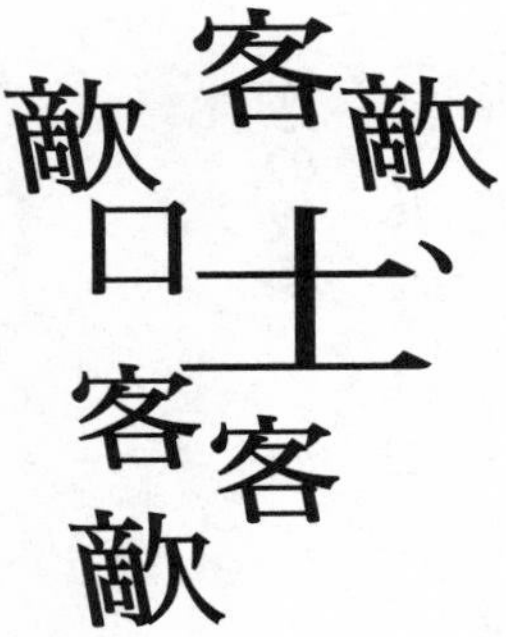

？部？画（79）　訓 おおいちざ
意味 遊郭で団体客がそそうする

大混乱

とにかく混乱した、平衡感覚すらない漢字。といっても、漢字に平衡感覚がなければいけないという決まりは、たぶんないが……。

これは江戸時代の戯作者である恋川春町の『廓《さとの》𥶡《ばかむら》費《むだ》字尽《じづくし》』という本に出てくる漢字。

「おおいちざ」とは「大一座」、つまり団体客のこと。遊郭で団体客が酔っ払って吐いてしまった状況を描いている。「歓」というのは「歓娼《あいかた》」、つまり相手をしている遊女のことだ。

？部？画（46）　訓おおいざ

意味 遊郭での大きなもめごと

暴れる客をなだめろ

「」《おおいちざ》と同じく、恋川春町の『廓𥶡費《さとのばかむらむだ》字尽《じづくし》』に出てくる字。「おおいざ」の「いざ」とはもめごとのこと。つまり、遊郭で大きなもめごとが起こった状況を描いている。

客が癇癪《かんしゃく》を起こして暴れているのだろう。よほどあてがわれた遊女が好みに合わなかったのか。それを従業員の男や女が、取り囲んでなだめている。

下のほうにぽつんと離れて描かれている「禿《かむろ》」は、遊女の見習いをしている少女のこと。客が暴れているのを、こわごわと遠くから眺めているのだろう。

丨

丨部 0画（1）　音 コン
意味 進む。退く

何かの罠か

ただの一本の棒としか思えないが、これも立派な漢字だ。

しかし恐ろしいことに、こんな単純な字なのに、まったく正反対の意味が二つある。下から上に書くと「進む」の意味になり、上から下に書けば「退く」の意味になるのだ。

何かの罠としか思えない。だいたい、毛筆で書くならともかく、現代人が鉛筆やボールペンで書いたら、上から下に書いたのか、下から上に書いたのかなんてわからないだろう。

亅

亅部0画（1）
音 ケツ
意味 かぎ

「丨《こん》」とは別字

「丨」という文字があったが、これを左にはねるだけで別の漢字になる。

要するに、釣り針のような形をした金具のことだ。そのまますぎる。

𠄌

亅部0画（1）
音 ケツ・テイ
意味 かぎ。かぎのしるし

「亅《けつ》」とは別字

これも文字というより、ただの落書きか模様としか思えない。

意味は見た目そのままで、「かぎ」である。「亅」とは完全に別字で、「𠄌」ははねが右向きになっている。

凵

凵部0画（2）
音 カン・コン
訓 うけばこ・かんにょう
意味 口を大きくひろげる

何も言いたくない

わずか二画の単純な字。

意味は「口を大きくひろげる」で、見ての通り、口を大きくひろげる姿を描いている。

簡単すぎて、これ以上何も言いたくない。

𠙴

凵部0画（2）
音 キョ・コ
意味 柳で作った飯器

流れてラオスへ？

「凵《かん》」は単純すぎたので、似た字としては、私はこちらの「𠙴《きょ》」を推薦したい。

意味は「柳で作った飯器」。

前にラオスで竹製の似たような飯器を見たが、この「𠙴」のなれの果てなのだろうか。

匚

匚部0画(2)
音 ホウ・ボウ
訓 はこがまえ
意味 方形の容器。はこがまえ

単純すぎる

単純すぎるだろう。
意味は「方形の容器」。
明らかに箱の形を模している。

匚部0画(2)
音 ホウ
意味 方形の容器

禍々しい

「匚《ほう》」の古字である。
「匚」に比べ、なにやらねじ曲がった、禍《まが》々《まが》しさを感じる。
それにしても、あまり箱には似ていないが……。

釟

金部2画(10)
音 ハツ・ハチ
意味 金をきたえる

武田鉄矢?

大昔のテレビドラマに出てきた「金八先生」ではない。

金をきたえる、つまり鉱石から金属をとり出し精製する、冶金《やきん》するという意味だ。「八」は単に音を表わしただけだろう。

鈺

金部5画(13)
音 ギョク・ゴク
意味 宝

よこしまな想いを

なにやら、ドキッとする漢字である。

しかし残念ながら、多くの人が期待するようなよこしまな意味はまったくなく、「宝」という真面目な意味があるだけだ。

㕣

八部3画（5）
音 キョウ・コウ
意味 朽ちた骨の残り

八戸？

「八戸」と読んでしまいそうになるが、もちろん青森県の港町とは何の関係もない。

これは「㕣《きょう》」という漢字と同字である。意味は、「朽ちた骨の残り」という物騒なもの。

⿱夕雨

雨部3画（11）
音 ウ
訓 あめ
意味 雨

夕立はむなしい

「夕」の「雨」だから夕立のことか！……と思いがちだが、残念ながらそうではなく、これはただの「雨」の古字である。

飧

食部3画（12）
音 ソン
意味 夕食

アットホームな字

「夕食」である。
あまりに単純すぎるので逆に身構えてしまうが、意味もそのまま「夕食」。
たまにはこんなアットホームな字もいいだろう。

⿱不食

食部4画（13）
音 サイ
意味 物忌みをする

拒食症ではない

「不食」というから、なにやら不穏だ。拒食症や断食を連想させる。

これは「齋《さい》」と同字。「物忌《ものい》みをする」という意味であり、その中には食を絶つことも含むから、「不食」でいいわけだ。

𠕎

肉部2画（8）
音 ソウ
意味 性交する

肉が入ってくる

「肉」が「入」ると書く。

なぜか生々しさを予感させる字だが、意味は「性交する」だから、予感は当たっている。

䏽

肉部4画（10）
音 ハイ
意味 漬けたばかりの肉のしおから

人工肉？

「不肉」だから「肉ではない（不）」ということか。

しかし、今話題の人工肉のことではなく、「漬けたばかりの肉のしおから」である。肉が漬け込まれたのだから、もはや肉ではないという感覚だろうか。

𠒍

歹部6画(10)
音 ラン
意味 乱れる

神秘的

「不死」と来るから、「死なない」というとてもめでたい意味だと、誰でも思うだろう。

しかし、本当の意味は「死に臨んで迷い乱れること」である。よくわからない。

甭

用部4画(9)
音 ホウ
意味 用いない。役に立たない

当たり前すぎる

「不用」だから「用いない」という、当たり前すぎる漢字。

なお、これに似た字に広東語で使われる「冇《もう》」がある。「有」の中身が略奪された字だ。意味は「有」の反対で「ない」だ。

𩙿

飛部10画（19）
音 ギュウ・グ
意味 飛ぶ

犯罪者が飛行機に乗って……

「高飛び」である。

犯罪者が一仕事を終えた後、スーツケースを抱え飛行機に乗って逃亡する姿を思い浮かべてしまう。しかし、意味は「飛」とまったく同じで、普通すぎる。「高」はどこに行ったのか。

𢧢

戈部9画（13）
音 サイ
意味 人名

永遠の未成年

未成人……。

これは人名に使う漢字である。中国の楚には、「𢧢」という字を名前の中に持っていた人がいたという。

これはかっこいい名前である。「永遠の未成年」という感じがする。

忑

心部3画（7）　㊌トウ・トク
（意味）心がむなしい

下心はむなしい

「下心」である。

なんだかいかがわしい字だが、意味は「心がむなしい」だから、できすぎている。

なお、「忐《たん》」という漢字もある。「上心」だから「忑」と正反対の意味かと思いきや、意味はまったく同じ「心がむなしい」だから、よくわからない。上も下も心はむなしいのだろうか。

恕

心部3画（7）
音 ジョ・ド
意味 思いやり。怒り

女心の複雑さ

「女心」と書かれている。偶然か必然か、この字にはおよそ正反対の「思いやり」と「怒り」という意味がある。

なぜこんな相反する意味合いが、一つの字の中に共存するのか。これが「女心の複雑さ」なのか。

恐

心部6画（10）
音 キョウ
訓 おそ-れる
意味 おそれる

人のエロ心を笑うな

「忑」「恕」ときて、今度は「恐」である。「エロ心」と読んでしまいそうになるが、実はこの字は「恐」の俗字だ。

けっして、人のエロ心を笑ってはいけない。恐ろしいことが起こるだろう。

奍

大部6画(9)
音 ソ
意味 未詳

大女が二人

大きな女が二人集まってきたように見えるが、たぶん違う。「奍」にも似ている。幸か不幸か意味は伝わっていない。

赩

赤部6画(13)
音 キョク・カク
意味 赤

これには深いわけが……

「赤」と「色」である。あまりに明快すぎるので、何か深い意味があるのかと勘ぐりたくなるが、主な意味は単に「赤」。少し残念だ。

赤部12画（19）　音 ゼイ
意味 未詳

シャーロック・ホームズか

「赤毛」である。

赤毛の男が奇怪な事件に巻き込まれ、その謎をシャーロック・ホームズが解き明かす『赤毛連盟』（コナン・ドイル）という小説を連想させる字だが、意味は不明。

ちなみに、欧米には昔から赤毛の人間を恐れる人々がいるらしく、"gingerphobia"（赤毛恐怖症）という言葉すらある。

肒

肉部3画（9）

音 カン

意味 かき傷をつくる

ミートボール？

「肉丸」……というからミートボールのことかと思ったら、意味は「かき傷をつくる」。

見かけと全然違うではないか。

肗

肉部3画（9）

音 ジョ

意味 魚や肉が腐る

熟女？

「肉女」……だから、肉づきのよい艶《なま》めかしい熟女を想像してしまうが、意味は「魚や肉が腐る」。

これも「肒《かん》」と同じく字面と意味がかけ離れている……と思いたい。

肉部15画（21）　㊫うしのあつもの

（意味）牛のあつもの

ビーフシチューか

混乱しきって何が何だかわからない。

読み方は「うしのあつもの」、つまり牛肉と野菜を煮込んだスープのことである。現代なら、肉じゃがやビーフシチュー、牛肉を入れたボルシチなどがこれに当たるだろうか。

この漢字の成り立ちはよくわからない。とにかく、肉と何かをめったやたらと煮込んだ状態を表現しているのだろうか。「幺」や「且」などは、糸こんにゃくやタマネギに見えなくもない。

雯

雨部３画（11）　音 レイ

意味 女のあざな

雨女と晴れ女？

「雨女」と思わず読んでしまいそうになるが、そうではなく、これは女の字《あざな》である。

字とは、中国で成人したときにつけられた名前のこと。中国では実名のことは諱《いみな》と言われ、普段は諱を呼ばれることは避けられていた。多くの場合は、字で呼び合ったのである。

たとえば、唐の詩人・李白の字は太白、三国時代の軍師として有名な諸葛亮の字は孔明である。

妃

女部8画（11）
音 ヒ
訓 きさき
意味 妃

セレブな漢字

「肥えた女」だ。

だから単に「ぽっちゃりした女性」という意味かと思ったら、これは「妃《きさき》」というセレブな漢字と同字である。特に「昔は太った女性が美人で高貴だとされていたから……」といった事情はなさそうだ。

𩨗

骨部3画（13）
音 ワツ
意味 未詳

胸騒ぎがする

「骨」の「女」だから、やせ細った女を連想するが……。

幸か不幸か、意味はわかっていない。

嬲

女部14画（17）
音 ジョウ・ニョウ
訓 なぶ-る
意味 なぶる。戯れる

はさまれて

一人の女が二人の男にはさまれている。意味は「なぶる、戯《たわむ》れる」。深い意味については、あえて触れないことにする。

嫐

女部10画（13）
音 ジョウ・ドウ
意味 なぶる。戯れる

ジェンダーは平等です

「嬲《じょう》」の構図を逆にした字。一人の男が二人の女にはさまれている。ところが、意味は「嬲」と同じ「なぶる、戯れる」だ。男女を逆転させているのに、意味は変わらない。これがジェンダー平等というものだろうか。

⿱女⿰男男

女部14画（17）
音 ヨウ
意味 未詳

女が乗っている

これはまた面倒くさい字だ。男二人の上に、女が一人乗っている。

意味深な漢字だが、幸か不幸か意味は不明である。

⿱⿰男男女

女部14画（17）
音 ヨウ
意味 未詳

反対でも同じ

「⿱女⿰男男《よう》」の立場を逆転させた文字。男二人が女一人の上に乗っている。

これも奇妙なことに（奇妙ではないかもしれないが）、「⿱女⿰男男」と同字なのだろうか。これもまたジェンダー平等なのだ。

意味はやはり伝わっていない。

𧢄

見部7画（14）
音 イ
意味 未詳

この男を見よ

「見」と「男」。

「男が見ている」のか「男を見ている」のか、いろいろ想像が膨らむ字。

残念ながら、これも意味は不明だ。

覹

見部13画（20）
訓 うかがいみる
意味 うかがい見る

女二人で……

女が二人、何かを見ているのだろうか。

意味は「ひそかにのぞき見る」という感じか。

国字である。

火部2画（6）
音 サイ
訓 わざわ-い
意味 災い

火あぶり？

恐ろしい……。

あたかも、人が火あぶりにされているように見える。ジャンヌ・ダルクだろうか。

これは「災」と同字である。やはり恐ろしい意味で間違いなかったわけだ。

糸部12画（18）
音 ソ
訓 もと
意味 もと。白。正しい

寄ってたかって……

糸の上に、人々が寄ってたかって集まっている。よほど太い糸なのだろうか。

これは「〓」の誤字である。といっても、「〓」自体が知られていないが、「素」の本字である。

〓

面部9画（18）
㊅サン
（意味）顔が広い

重そうだ

面の上に面がある。頭の上にのしかかられているように見え、重そうだ。

意味は「顔が広い」。たしかに顔が二つあればそれだけ広くなるが、当たり前である。

〓

言部7画（14）
㊅ケイ・キョウ
（意味）争い言う

芸がない

「言」を二つ並べたから、「争い言う」。あまりに芸がない漢字だ。

ちなみに、パーツが同じ字として「〓《おう》」があるが、こちらの意味は不明。

劦

力部4画（6）　音 キョウ・ギョウ
意味 力を合わせる

馬鹿にしないでほしい

人をなめた字だ。「カカカ！」と人を嘲笑《あざわら》っているように見える。

しかしこの字には「力《ちから》を合わせる」という麗《うるわ》しい意味がある。「力」を三つ集めてきたのだから、明快だ。「協」の旁《つくり》の部分である。

なお、これと酷似した字に「刕《り》」があるが、これは「劦」とはまったく逆に「割く」という意味がある。

尛

小部6画（9）
音 マ
意味 こまかい

ゲシュタルト崩壊を起こしそう

あー、うっとうしい！「小」を三つ重ねるだけで、こんなにうざくなるとは。ゲシュタルト崩壊を起こしそうになる。魚の背骨を上から見たところに似ている。

これは「尛《ま》」と同字。尛は「麼」の古字である。

小部9画（12）
音 ショウ
訓 ちい-さい
意味 小さい。わずか

無駄な労力

これもうっとうしい字だ。「小」を四つも重ねている。

しかも、これは「小」と同字である。四つも積み重ねる意味がまったくない。

㠭

工部9画（12）　音テン
意味 明らかにする

エエエエ！

誰でも「エエエエ！」と読んでしまうのではないだろうか。

要するに、四人の「工」（細工人）が集まっている姿である。優れた職人が四人も集まり一緒に見ているから、「明らかにする」という意味のようだ。「展」と同字である。

覞

見部14画（21）
音 オウ
意味 未詳

楽しそう

「見」が三つ並んでいる。

人が三人並んで、爪先立って何かを覗き見しているようにも見える。浮足立っていて、楽しそうだ。こんなにわかりやすい字なのに、意味は不明。

孨

子部6画（9）
音 ギ
意味 盛んなさま

盛んすぎる

「子が三つ集《つど》っているから『三つ子』……」ではない。

これは「孴」と同字。孴は「盛んなさま」という意味である。子どもが三人も集まっているということは、きっと何かが盛んなのだろう。

戸部8画（12）
音 キョ
意味 未詳

蛇腹《じゃばら》か

戸のようなものを三つ重ねている。蛇腹《じゃばら》かムカデのようにも見える。なかなか奇観だ。

残念ながら意味はわかっていない。

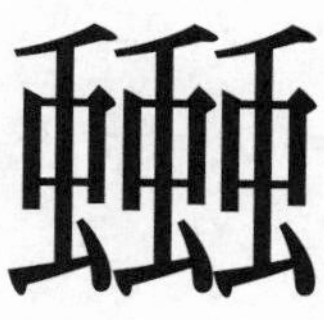

虫部15画（21）
音 ケツ
意味 未詳

ムカデ？

「虫」（虫の俗字）が三つも連なっている。

見方によってはムカデやゲジゲジにも見える。虫の嫌いな人なら堪えられない字だろう。しかし、意味はわかっていないので、どうか安心していただきたい。

𦡞

肉部12画（16）
音 ノウ
意味 脳

執念深すぎる

執念深い字だ。何回「心」を繰り返したら気がすむんだ。よほど「これは『心』と関係する字なんですよ！」とこの字の作者は主張したかったのだろう。

そしてこれは「脳」と同字だから、いちおう理にはかなっている。

𣿭

水部12画（16）
音 バン
意味 大水

人名にも使えた

「水」を四つも重ねたから、意味は「大水（洪水）」。そのままである。

この字は、戸籍統一文字にも入っている。このややこしい字を姓名の中に持っている人がどこかにいるのだろうか。世界は広い。

𣡕

木部28画（32）　音 サツ・キ
意味 未詳

集合恐怖症になりそう

日本語を勉強している外国人が、「『林』や『森』って漢字、おもしろいね」と言っているのを聞いたことがある。「tree（木）を何回か書いたらwoods（林、森）になるなんて、わかりやすすぎる！」ということらしい。

しかし、この「𣡕」という字はどうだろう。いったい何回「木」を書いたら気がすむんだ。集合恐怖症の人からしたら、見るも恐ろしい字に違いない。

しかも、これほど単純かつややこしい字なのに、意味は伝わっていない。

臼部57画（64）　㊉セイ

(意味)未詳

面倒くさすぎる

これは面倒くさい。「興」というただですら画数の多い文字を四つも書き重ねて、全体の画数は六十四画もある。

こんなにややこしいのに、意味は伝わっていない。ほぼ使い道がないのに、なぜか一部の辞書には載っている。

网

缶部6画（6）
音 ボウ
意味 網

メメ……

「網《あみ》」を表わす象形文字。
言うまでもなく、内部の「メメ」が網目を表わしている。

罬

网部14画（8）
音 テツ
意味 無双網

メメヌヌヌヌ……

「罬」の本字である。罬とは、無双網《むそうあみ》という、遠隔から操作して獲物を捕らえる網のことだ。
「网《ぼう》」よりもさらに内部が複雑になっている。よほど入り組んだ網なのだろう。

颱

風部5画（14）
音 タイ
意味 台風

珍しく実用的な字

「風」に「台」と来るから「台風」だろう……と思いきや、まったくその通りだから残念。

これは台風を意味する漢字。この字は日常生活でも使えるだろう。この本の中では珍しい字だ。

𩗗

風部6画（15）
音 キョウ
意味 風がととのう

カカカ！

風が「カカカ！」と叫び笑いながら、忍び寄ってくるように見える。

意味は「風がととのう」。右側の「劦」（P.45）は「協」の右側と同じであり、「合わせる」という意味。風が合うから「風がととのう」という意味だ。

颲

風部6画（15）
音 レイ・ライ
意味 はやて

「䬕《きょう》」とはまったくの別字

「䬕《きょう》」とあまりにも似ているが、完全な別字で、意味もほぼ反対である。これは「はやて、疾風」を意味する。形からして、風が刀を三本携えて現れたような不穏さがある。

飆

風部12画（21）
音 ヒョウ
意味 つむじかぜ。狂風

犬が飛んできた

これもなかなか殺伐とした字だ。風にあおられて、犬が三匹飛んできたように見える。

よく昔のマンガに、空っ風が吹きすさぶ中を、野良犬が淋しく吠えている図柄があったが、それに似た寂寞《せきばく》さがある。

風部25画（34）
音 リョウ
意味 未詳

龜も飛んできた

風シリーズの別作品。今度は風にあおられて「龜《かめ》」が飛んできている。よほどの強風なのだろう。犬が飛んできたり龜が飛んできたり、大陸の風は賑やかなのか。しかし、龜の甲羅に当たったら痛いに違いない。

風部27画（36）
音 フウ
意味 風

意味は風の中に吹かれている

風シリーズの極北だろう。「風」という字を四つしつこく重ねている。
これほど風を集めてきているのに、意味は「風」とまったく同じ。まったく意味のない漢字である。

几

几部0画（2）
音 シュ・ジュ
意味 鳥の短い羽。飛ぶさま

飛んでいきそうな字

空虚な字。「風」の外側にも見えるが、中身はからっぽである。

この字はもともと、鳥の短い羽を描いたものである。たしかに空っぽで軽々としていて、このまま飛んでいきそうな字だ。

𠘨

几部3画（5）
音 シン
意味 あらたに羽が生えて飛ぶ。鳥が巣立つ

なぜか無責任

「几《しゅ》」の中に「彡《さん》」が入ったものだが、軽薄で無責任な漢字に見えてしまう。

これはあらたに彡（羽毛）が生え、几（風）に吹かれて飛んでいく姿を描いているとか。

閅

門部１画（9）　音 バツ
意味 斜めに見る

何かが足りない

何かが足りない。あと一画くらいは欲しいところだが、それがなくてほったらかしにされている。

それで意味は「斜めに見る」。斜めはなんとなくわかるが、「見る」はどこから来たのか。

個人的に、「門」シリーズはシンプルなわりに変な字が多いので、好きである。

門部1画（9）
音 カツ
意味 斜めに見る

もう一つ工夫がほしい

「閁《ばつ》」と極めて似ているが、「門」の中のはらいが逆向きになっている。

意味は「閁」と同じく「斜めに見る」。字としての工夫が足りない。

門部2画（10）
音 チン
意味 のぼる

だまされないように

これも一見単純だ。だが「『門』の上に何かのっているから『のぼる』だな」と簡単に決めつけるとだまされる。「門」の上にのっている「二」とは「下」の古字で、全体として「下から上にのぼる」という意味である。

夨

大部0画（3）
音 ショク・シキ
意味 頭を傾ける

何かの記号か

何かの落書きか、記号としか思えない。

意味は「頭を傾ける」。たしかにこの字を見ていると、両手両足を広げ、頭を左に傾けている人間の姿が浮かび上がってくる。

𠄎

亅部5画（6）
音 ダイ
訓 なんじ・すなわち
意味 汝。すなわち

りょりょりょ

「了《りょう》」を三つ重ねている。

「りょりょりょ」、つまり「わかったわかった」と無責任に連発しているのではなく、この字は「乃《だい》」の籀文《ちゅうぶん》である。しかし、「乃」とは似ても似つかないではないか。

㐺

人部4画（6）
音 シュウ
意味 多くの人

爽やかな字

「イイ人」だ。変な字しか載っていないこの本の中で、一服の清涼剤のような、爽やかな字だ。

これは「衆」の古字である。もともとは「人」を三人描いたもので、「多くの人」を意味する。

仌

人部2画（4）
音 ヒョウ
訓 こおり
意味 氷

人でなし

人が重なり合っているが、意味は「人」とは関係なく、「冫」の本字である。
「冫」とは必ずしも「にすい」という名の偏《へん》ではなく、これだけで「氷」を意味する。
「仌」は、水が凍るときに現れる線を描いているとも言われる。

从

人部2画（4）
音 ジュウ・ショウ
訓 したが-う
意味 従う

どこか頼りない

「人」を二つ並べた文字。どことなく頼りなく、情けない感じがする。

この字は「従」の本字である。人を二人並べたから、「従う」わけだ。

中国では今でも普通に使われている字で、たしかに「従」より書きやすい。

人部2画（4）
音 ジュウ・ショウ
訓 したが-う
意味 従う

気が抜ける

「スス」……。これまた、腰砕けになりそうな、迫力のない字である。もちろん、広瀬すずとは無関係だ。

これは「从《じゅう》」の俗字である。从を急いで書いたら、こうなりそうだ。

𪜈

丨部3画（4）

訓 とも

意味 とも

漢字なのか？

「とも」と読む。接続助詞。カタカナの「ト」と「モ」を合体させた字である。これが本当に漢字なのか疑問に思うが、漢和辞典にはしっかりと載っている。

また、「キ」という漢字もあり、これは「トキ」を合体させたもの。

夂部0画（3）

音 カ・ケ

意味 大股で歩く

落書き？

ほぼ絵というか、落書きである。これは「大股で歩く」という意味。たしかに人が大きく手を振りながら、大股で歩いているように見えてくる。

儿

儿部0画（2）　音 ジン・ニン

意味 人

歩いているのだろうか

カタカナの「ル」と酷似しているが、もちろん違う。「人」の古文奇字である。『新大字典』には「人は立っているさま、儿は人の行くさまをかたどる」とある。なお、中国の簡体字では子どもを意味する。

よく似た字に「兀《こつ》」があるが、これは「高い」という意味だ。

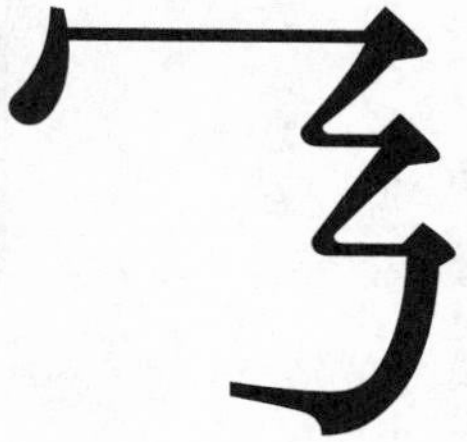

ノ部3画、口部2画（4）　音 オンス
意味 オンス

不自然すぎる字

異質な漢字。無理やり捏造されて、漢字の世界に放り込まれたような不自然さがある。実際に、この字はノ部なのか口部なのか、はっきりしないほどだ。

これは西洋の単位「オンス」を漢字にしたものである。1℥《オンス》は約28・35g《グラム》だ。

なぜこんな奇怪な形になったかというと、ounce の略号である〝oz〟に基づく西洋の記号を、強引に漢字に移し変えたからである。

他にも単位を示す漢字はP.262を参照

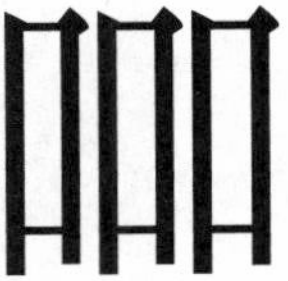

口部6画（9）
音 レイ・リョウ
意味 多くの鳥。多くの声

なんか妙

なんだか妙な字。口をピラミッド状に重ねた「品」は見慣れているのに、口を横に三つ並べるだけで、変な印象になる。意味は「多くの鳥、多くの声」。

単純な構造の字なのに、字源はよくわかっていない。

㗊

口部9画（12）
音 キュウ・コウ
意味 かまびすしい。くどい。雷

くどすぎる

「口」を四つ重ねたから意味は「かまびすしい」。これはわかりやすいが、「くどい」という意味もあるのが面白い。たしかに「口」を四つも重ねるのはくどい。

タイルか何かの無意味な幾何学模様にも見えてくる。

嘂

口部11画（14）
音 キョウ
意味 叫ぶ。高い声

不気味……

なにやら不気味な字だ。「㗊《きゅう》」もなかなか不自然な字だったが、その中に「丩」が入り込むことによって、どこか不安な字になっている。

意味は「叫ぶ、高い声」。一説にはこれこそ「叫」の古字だという。

嚚

口部15画（18）
音 ガン・ギン
訓 おろか・わるい
意味 愚か。悪い

いろいろ集まっている

いろんなものが集約している。「㗊《きゅう》」の中に「臣」が入り込んでいる。

㗊は「かまびすしい」という意味だから、それと関係があるのだろう。

同字に「〓」がある。字の部品はまったく同じだ。

夛

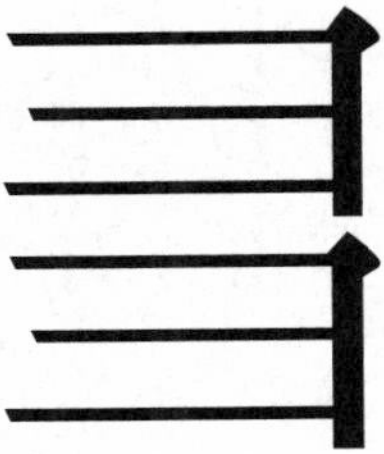

夕部3画(6)

彑部3画(6)

音 タ　訓 おお-い　意味 多い

肉を捧げる

これらは「多」の俗字である。「ヨタ」に「ヨヨ」か。人をなめている。しかし、「多」の起源はなかなか面白い。積み重ねられている「夕」や「ヨ」は、もともと祭祀のときに捧げる「肉」を意味しているのだ。

たしかに「夕」はサーロインステーキの形に似てなくもない。

夕部9画（12）
音 タ
訓 おお-い
意味 多い

かわいそう？

なんだかかわいそうになってくる字。なにしろ「ヨタヨタ」だから。

しかしこれは「多」と同字である。べつにかわいそうでもなんでもない。

口部12画（15）
音 チュウ・ジュ
意味 誰

ノルウェーの海

何が何やらわからない。とにかくやたらと入り組んでいることだけがわかる。ノルウェーのフィヨルド式海岸だろうか。

意味は「誰」である。

謎めいたスラング

广部3画（6）

読み
ケイ

意味
慶應の慶

广部1画（4）

読み
オウ

意味
慶應の應

广部4画（7）

読み
ケイオウ

意味
慶應

　完全にふざけた字だが、これは慶應義塾の学生だけが密かに使っているという漢字。「慶」はと書き、「應」はと書く。「慶應」でという字まであり、「大」「早戦」のような形で使われる。おそらく、「慶應」という漢字はあまりに画数が多すぎて、書くのが面倒なのだろう。

　また、この漢字が一種のスラングになっていて、メンバー間の結束を高めるために役立っているのかもしれない。

第二章

読み方・意味が奇妙な漢字

門人

門部2画（10）　音 ワク・コク　訓 きゅうにとびだしてひとをおどろかせるこえ（*）　意味 身を隠していて、急に飛び出して人を驚かせるときに発する声

漫画のような漢字

「門」の横に「人」が隠れている。それで読み方が「きゅうにとびだしてひとをおどろかせるこえ」。

漫画のような漢字だ。それにしても読み方が長すぎるだろう。ためしにルビをふってみると、門人《きゅうにとびだしてひとをおどろかせるこえ》となるのだ。

音読みの一つは「ワク」。中国でも古《いにしえ》から、人を驚かせるときは「ワッ！」と叫んでいたのだろう。だが、もう一つの読み方「コク」はよくわからない。門の陰からいきなり「コク！」と叫ばれたら、別の意味でびっくりするだろう。

䀠

目部8画（13）
音 キョク
訓 きょろきょろみまわす（*）
意味 きょろきょろ見まわす

軽薄でいい

「きょろきょろ」という響きが軽薄でいい。

大きな「目」が二つついていて、見るからにきょろきょろ見まわしているようだ。真ん中の「大」は人を表わしている。

駗

馬部5画（15）
音 シン
訓 うまがなやむ（*）
意味 馬が悩む

悩まないで

いったい、馬が何に悩んでいるのだろう。馬も自分の人生に思いをめぐらすことがあるのだろうか……と悩んでいたら、これは「重荷に悩む」ということのようだ。なるほど、それならたしかに悩むこともあるだろう。

砅

石部4画（9）
音 ヒョウ
訓 いしをふんでみずをわたる（*）
意味 石を踏んで水を渡る

風流だ

石偏に水だから、「いしをふんでみずをわたる」と読む。
風流だし、現代日本でも使えそうである。

孨

子部6画（9）
音 セン
訓 みなしご（*）
意味 みなしご

ますます弱い

面妖《めんよう》な字だ。「子」が三人も集まっているのに「みなしご」と読むとは……。
これは、弱い子どもを三人集めたから、「ますます弱い」という意味があるとされる。

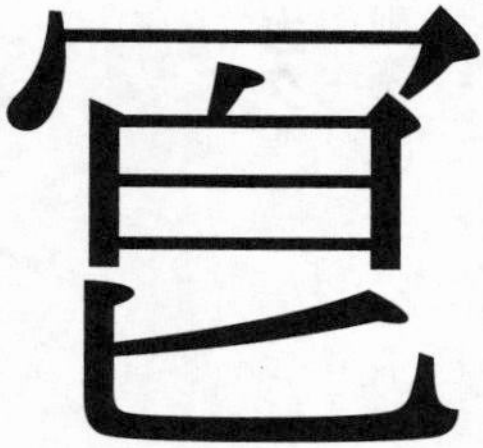

冖部7画（9） 音 シャク　訓 ふできのめし・よくできためし（*） 意味 不出来の飯。よくできた飯

矛盾した文字

不可解な漢字。

飯がうまくできようが不出来だろうが、そんなことは放っておいてほしいものだが、この字は一つの字で「ふできのめし」「よくできためし」の二つの読み方があるのである。

ちょうど、日本語の「やばい」や英語の〝bad〟に、良い意味と悪い意味の二つがあるのと同じだろうか。

硞

石部11画（16）
音 カク
訓 いしのさけるおと（*）
意味 石の裂ける音

カクッ

訓読みで「いしのさけるおと」と読む。音読みは「カク」だから、たしかに石の裂ける音に聞こえなくもない。

もっとも漢字の音読みが、この漢字ができた頃の中国での発音を正確に復元しているという保証はないが……。

㕧

口部8画（11）
音 カク
訓 むちのおと（*）
意味 鞭の音

なんだか痛そう

「むちのおと」とは、穏やかではない。音読みは「カク」なのだが、鞭《むち》で打ったらそんな音がするのだろうか。個人的に経験がないのでよくわからないが……。

匲

匸部7画(9) 音カン 訓ふねがしずむ(*) 意味 船が沈む

タイタニックな漢字

見た目は何ともないのだが、ホラーである。訓読みは「ふねがしずむ」だから、内部の「吟《ぎん》」は「歌う、嘆く、叫ぶ」という意味である。それを踏まえてよく見ると、沈みゆく船の底に人が閉じ込められて、叫んでいるように見えてくるから、恐ろしい。

タイタニック号事件を語る際に使えそうな漢字だ。

吽

口部4画（7）
音 オウ
訓 みだらなこえ（＊）
意味 淫らな声

妖《あや》しい漢字

「みだらなこえ」と読む。

これとよく似た「妖《よう》」には「なまめかしい、妖《あや》しい」という意味があるから、これは納得である。

㚤

女部4画（7）
音 キョウ
訓 はげしいおんな（＊）
意味 激しい女

漢字のカルメン

「はげしいおんな」とは意味深な読み方である。フランスの作家メリメの描くカルメンのような気性の激しい女なのだろう。

不思議なことに（不思議ではないが）、「美女」という意味もある。

璣

玉部9画（15）
音 キ
訓 まるくないたま(*)
意味 丸くない玉

怒らないでください

「『丸くない玉』などあるか！ 玉とは丸いものにきまってるだろう！」というお怒りはごもっとも。

しかし、「玉」はもともと「美しい石」という意味なので、丸くない玉も存在するのである。まったく問題はない。

玡

玉部4画（8）
音 ガ
訓 たまににたほね(*)
意味 玉に似た骨

意味がわからない

「玉に似た骨」という意味なのだが、意味不明である。

「玉」には「美しい石」という意味があるから、玉と見紛《みまが》うほどのいとも美しい骨ということだろうか。

⿱不生

生部4画（9）
音 シュウ
訓 ひとがしぬ（＊）
意味 人が死ぬ

ストレートだ

「不生」だから「ひとがしぬ」と読む。単純明快な文字。

「瓓《まるくないたま》」とか「玡《たまににたほね》」といったひねくれた漢字を見た後では、すがすがしくなってくる字である。

㚔

大部5画（8）
音 ジョウ
訓 ぬすみがやまない（＊）
意味 盗みがやまない

泥棒が街に溢《あふ》れ……

「ぬすみがやまない」とはまたすごい。盗賊が街に溢れ、世情が騒然としている状況なのだろうか。

ハードボイルドすぎる字である。

穎

禾部11画（16） 音 エイ 訓 めざましまくら（*）
意味 目覚まし枕

睡眠不足は記憶を妨げます

「目覚まし枕」とは難解なものが出てきた。これでは、枕の用をなしていないだろう。

「目覚まし枕」とは、熟睡を妨げる枕のことであり、警枕《けいちん》ともいう。

北宋の歴史家である司馬光《しばこう》は、丸木を枕にして、熟睡できないようにして勉学に励んだと言われている。

眲

目部10画（15）
音 アン
訓 めでたわむれる（*）
意味 目でたわむれる

目で遊ぶな

「目でたわむれる」とは不可解だ。目の玉をゴロゴロ動かして遊んでいるのだろうか。
そうではなくて、これは「流し目を送る」といった意味のようだ。

睆

目部15画（20）
音 コウ
訓 めにいろがない（*）
意味 目に色がない

漢字を書いている暇はない

「目に色がない」のは危ない。
普通は白とか黒とか碧《あお》とか何かの色がついているはずだが、かりに色がまったくないのなら、こんな漢字を書いている暇があったら、眼医者に行ったほうがいいだろう。

䀪

目部7画（12）
音 エツ
訓 めでなぶる（*）
意味 目でなぶる

なぶらないで

どうも目のシリーズは妙な読み方の漢字が多い。

この字は「めでなぶる」と読む。本当に目でなぶったら眼球が痛そうなのだが、これは「たわむれる」といった意味のようだ。

馘

首部8画（17）
音 カク
訓 きりとったみみ（*）
意味 切り取った耳

ホラーだ

「きりとったみみ」と読むからホラーである。これは、戦場で切り取った敵の左耳を意味している。耳のわりには首偏だが……。

「馘首《かくしゅ》」（首を切るという意味）などの熟語で、現代でも使われる。

馬部1画（11）　音ケン　訓いっさいのうま（*）
意味一歳の馬

一歳の馬、三歳の馬……

「一歳の馬」を意味する漢字。わざわざそんなものを表現するために、漢字が作られているのである。字としては、「馬」に「一」を組み合わせただけだ。

この程度で驚いてはだめで、「駒《く》」（二歳の馬）、「駣《ちょう》」（二、三、四歳の馬）といった漢字もある。

馬の部の漢字は非常に多い。『大漢和辞典』を調べると、五百五十近くの馬の部の漢字が出てくる。中国では紀元前の戦国時代から、馬は戦車を引く動物として極めて珍重されていたからだ。

馭

馬部2画（12）
音 ハチ
訓 はっさいのうま（＊）
意味 八歳の馬

どうでもいい漢字

本当に、馬シリーズはどうでもいい漢字が多い。

「馬《いっさいのうま》」でもかなりうんざりさせられたが、今度は「はっさいのうま」だ。馬偏に「八」、しかも音読みも「ハチ」だから、芸がなさすぎるだろう。

牞

牛部4画（8）
音 ハイ
訓 にさいのうし（＊）
意味 二歳の牛

牛関係にも妙な漢字が

「馬《いっさいのうま》」に対抗して、今度は「にさいのうし」である。

牛に関する漢字も非常に多い。中国では馬だけではなく、牛も敬愛されていたようである。

䮦

馬部9画（19）
音 カク
訓 うしをさくおと（＊）
意味 牛を裂く音

怖いが謎だ

これも恐ろしい字。「うしをさくおと」と読むのだから。

しかしよく見ると、馬偏である。なぜ「うまをさくおと」にならないのか、謎だ。

ちなみに、右側の「砉《かく》」は「バリバリと骨と皮が離れる音」を意味する。

䴢

鹿部10画（21）
音 ベイ
訓 おとりのしか（＊）
意味 おとりの鹿

悲しい……

「鹿」に「迷」と書いて「おとりの鹿」を意味する。

いかにも、捕らわれた鹿が人生に迷い、泣き叫んでいるように見える。

㹇

犬部6画（9）
音 サン
訓 わるくつよいいぬ（＊）
意味 悪く強い犬

映画になりそう

「わるくつよいいぬ」という読み方は、どこか詩的である。このまま映画のタイトルにでも使えそうだ。

悪くて強い犬というのは、今で言うと、土佐犬とかピットブルといった犬種だろうか。

㹴

犬部7画（10）
音 コウ
訓 ぶたがおどろく・ぶたのはしるさま（＊）
意味 豚が驚く。豚の走るさま

豚もおだてりゃ……

見かけはすごく退屈な漢字なのだが、読み方は「ぶたがおどろく」「ぶたのはしるさま」である。

いわば「豚もおだてりゃ木に登る」という感じだろうか。なお、この字は犬が驚いたときにも使える。

虓

犬部8画（11）　㊅オウ・キョウ・コウ・チ・ユ・ユウ・ヨウ
㊈とらのうなりごえ（*）
（意味）虎が人を噛もうとするときのうなり声

虎には噛まれたくない

訓読みは「とらのうなりごえ」。

音読みは「オウ・キョウ・コウ・チ・ユ・ユウ・ヨウ」だから、本当に虎は人間を襲うときに「オウ・キョウ・コウ・チ・ユ・ユウ・ヨウ！」と喚くかと思ったら、やはり違うようだ。「ギョバーエ゛ーゴー」というように、明らかに濁音の入った言語で叫んでいる。

犊

牛部7画（11）
音 ト
訓 とらのもようあるうし（＊）
意味 黄色く虎の模様のある牛

虎なのか牛なのか

「黄色く虎の模様のある牛」を意味する漢字である。

虎の模様とは、縦じまだろうか。本当にそんな牛がいるのだろうか。

というか、それほど虎に似ているなら、それはもう牛ではなく、虎ではないか。

犕

牛部7画（11）
音 フ
訓 かわいたぎゅうにく（＊）
意味 乾いた牛肉

だからなんだ

はいはい、「かわいたぎゅうにく」ですか。

どうも「読み方が変」な漢字は、「だからなんだ。何が言いたいんだ」と言いたくなるような字が多い。今で言うとビーフジャーキーみたいなものだろうか。

口部9画（12）　音 アツ・エチ　訓 らくだのこえ（*）
意味 ラクダの声

ラクダの正しい鳴き声とは

訓読みで「らくだのこえ」。

音読みは「アツ・エチ」と言うから、本当にラクダはそういう声で鳴くのかと思って調べてみたら、「⌘[illegible][illegible]ヤ゛[illegible][illegible]Я[illegible][illegible][illegible]！」※とかいう、とても人類の言語では表現できない奇怪な叫び声だった。

（※：これらはすべて実在する文字である）

㹠

犬部8画（12）
音 ソウ
訓 ぶたのはは（＊）
意味 豚の母

ウルトラの母？

「ぶたのはは」と読む。

……それだけの話だが、なんとなく響きがおかしいので載せてしまった。「ウルトラの母」かと思った。「豚のような母親」という意味ではなく、本当に動物の豚の母親ということである。

猔

犬部8画（12）
音 ソウ
訓 いぬのみつご（＊）
意味 犬の三つ子

双子の立場は……

犬にかかわる漢字はいろいろあるが、これは「犬の三つ子」である。

ちなみに、『大漢和辞典』の「字訓索引」には「いぬのふたご」「いぬのいつつご」と読む漢字は見当たらない。

⿱敖骨

骨部11画（21）　㊜ゴウ　㊞かにのはさみ(＊)
（意味）蟹のはさみ

はさみへの偏愛

わざわざ「蟹《かに》のはさみ」ごときのために漢字を作ってもらえて、きっと蟹も光栄に思っていることだろう。

もっとも、蟹のはさみを意味する漢字は、「螯《ごう》」や「⿱敖足《ごう》」など、ほかにも三つほどある。なぜそこまで蟹のはさみにこだわるのか。

牸

牛部7画（11）
音 セイ
訓 あかいいけにえ（*）
意味 赤い生贄

物騒かつ詩的

「あかいいけにえ」という読み方は、物騒かつ詩的である。さらに、シュールでもある。

これは、生贄《いけにえ》に捧げられた赤い色の牛を指すようである。

韍

韋部4画（8）
音 ヒ
訓 くるまのよこぎのおおい（*）
意味 車の横木の覆い

本書でもっとも役に立たない漢字

個人的に注目している漢字。「車の横木」を意味する漢字すらめったに使われないのに、この字はそれを超える「車の横木の覆い」だ。たぶん、この本の中でもっとも実用性のない漢字だろう。今後の活躍に期待したい。

䲁

魚部12画（23）
訓 ブリザード
意味 ブリザード

はい、馬鹿にしています

これで「ブリザード」と読む。「人を馬鹿にするな！」と怒る方がいるかもしれないが、その通り、この字は人を馬鹿にしているのだ。

これは暴走族が作った漢字である。魚偏に「嵐」をつけてブリザード（猛吹雪）のイメージを作りたかったのだろう。「夜露死苦」だとか、とにかく暴走族は難しい漢字を使いたがるものだ。

なぜ魚なのかは謎だが、これは「鰤《ぶり》」から来ているそうだ。といっても、まったく理屈がわからないのだが。論理が暴走しすぎだろう。

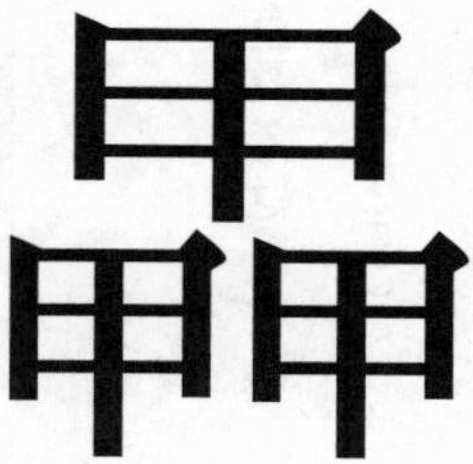

田部10画（15）

音 サ・セ　訓 ゆきのなかをいく・よろいのおと（*）

意味 雪の中を行く。鎧の音

雪の中の足跡

「ゆきのなかをいく」と「よろいのおと」という、まったく違う読みが二つあるゴージャスな字。音読みは「サ・セ」だから、たしかに雪の中を歩いたり、鎧《よろい》を着たまま体を動かすと、そんな音がする気がする。

　また、「甲」を三つ重ねた姿は、雪の中に残る足跡のようにも見える。日本人の中には、雪山での最悪の遭難事故が起きた八甲田山を思い出してしまう人もいるだろう。

呦

口部9画(12)
音 ユウ
訓 しかのなきごえ(*)
意味 鹿の鳴き声

哀れではかない

「しかのなきごえ」と訓読みする。口偏に「幽」がつくから、何か哀れではかない感じがする。音読みは「ユウ」である。しかし、私の知るかぎり、鹿の鳴き声は「ぴぇーん」とか「びゃーん」という感じだが……。

琳

玉部8画(12)
音 リン
訓 たまのうちあうおと(*)
意味 玉の打ち合う音

琳琅と風流に

「玉の打ち合う音」とは、風流だ。しかも音読みが「リン」だから、たしかに玉が鳴っている音だ。

この漢字を使った熟語に琳琅《りんろう》というものがある。こちらのほうがさらに涼しく玉が鳴り響いている感じがする。

口部2画（5）
音 カ・ワ
訓 かけごえ（*）
意味 かけ声

船を引く声

字面そのものが単純でかわいらしい。「かけごえ」と訓読みする。船などを引くときに出す声である。「口」の中の物体は、もちろんカタカナの「カ」ではなく、漢字の「力《りょく》」。中国では船を引くときに「カー！」と叫ぶのだろうか。

醧

酉部11画（18）
音 ヨ
訓 うちわのさかもり（*）
意味 内輪の酒盛り

放っておいてくれ

酒盛りが内輪《うちわ》だろうが外輪《そとわ》だろうが、放っておいてもらいたい。漢字まで作ってほしくない……。この字には、「酒の味が和らぐ」という前向きな意味もあるが、内輪飲みで酒の味が和らぐかどうかは、人それぞれだろう。

氭

乙部8画（9）　訓 でんき　意味 電気

世界の恐怖と漢字

国字で「でんき」と読む。「電」と「気」を強引に融合したのだろう。

なぜこんな無理やりな漢字を作り出したのか。

おそらく、かつての日本人は、電気のような新しい文明の利器を目の前にして、強い不安を覚えたのではないだろうか。それを自分の世界に引き入れ、解釈するために、こんな新たな漢字を作り出したのだろう。

𨋢

車部5画（12）
訓 でんしゃ
意味 電車

むりやり一字に圧縮か

「氜《でんき》」と同じく、「電車」という熟語を強引に一字に圧縮したのだろう。「电」の部分は、偶然にも軌道を電車が走っている姿に見えなくもないが……。

䚶

言部5画（12）
訓 でんしん
意味 電信

死語にならないで

「電信」を意味する漢字。といっても現代日本では電信という言葉自体をあまり聞かなくなっているが……。「氜《でんき》」や「𨋢《でんしゃ》」と同じく、「電」と「信」という漢字を強引に一つにしている。

九九九（※三つの九を重ねた字）

乙部5画（6）
訓 あつまる
意味 集まる

鳩は9である

「九」を三つ重ねてなぜ「あつまる」と読むのか。

謎めいているが、辞書には「九は鳩《はと》に通ずる」と書いてある。そして、「鳩」には「集まる」という意味もあるのだ。

鳩は集団生活を好むからだろうか。

加加加（※三つの加を重ねた字）

力部13画（15）
訓 ゆめゆめ
意味 ゆめゆめ

ゆめゆめ読み間違わないように

「カカカ」と読んでしまいそうになるが、違う。「ゆめゆめ」と読む。「必ず必ず」という意味だから「加」になるのか。

ちなみに、「努努」「努力努力」「夢夢」も「ゆめゆめ」と読む。

人部1画(3)
音 カ
訓 ひとりぽっち(*)
意味 ひとりぽっち

孤独な漢字

「ひとりぽっち」という読み方はどこか情けないが、漢字の構成は「一人」だから、明快だ。

これは日常生活でも使えるだろう。

目部8画(13)
音 カク
訓 ねむっているめ(*)
意味 眠っている眼

おやすみなさい

「ねむっているめ」と読む。上の「或」には「迷う」といった意味もあるので、たしかに眠っているのかもしれない。

これ以上解説はしませんから、ゆっくりとおやすみなさい。

魚偏の漢字　その１

日本人は魚に関心がありすぎるせいか、魚偏の漢字には国字がしばしばある。まずは身近なものから。

鰺《あじ》	鮎《あゆ》	鮑《あわび》
鰹《かつお》	鰈《かれい》	鯨《くじら》
鯖《さば》	鮫《さめ》	鯛《たい》
鮹《たこ》	鱈《たら》	鰌《どじょう》
鯰《なまず》	魬《はまち》	鱧《はも》
鮃《ひらめ》	鰤《ぶり》	鮪《まぐろ》

第三章

アートな漢字

二部6画（8）　音 セイ　訓 ととの-える
意味 ととのえる。等しい

役人の勘違い

美しすぎる。

いったい、これが本当に漢字なのだろうか。どう見ても、何かの絵かデザインとしか思えない。

これは「亝」の篆字《てんじ》である。亝は「斉」の古字である。そう、「斉藤」というポピュラーな姓に用いる漢字だ。

ちなみに、「さいとう」という姓の「さい」は、「斉」「斎」「齊」「齋」「齎」など極めて多種多様である。これは、役所の人間が漢字を間違えて書いたためとされている。極めてデタラメな話なのだ。

凵部9画（11）　㊍キョク　㊗ま-がる
（意味）曲がる。音楽作品

エッシャー？

妙に立体的な字で、全体が浮き上がって見える。まるでエッシャーのだまし絵のようだ。

これは「曲」と同字である。「曲」は曲がった田んぼを模した字だとも言われている。

真ん中の「王」がかっこよすぎるが、なぜここに王が鎮座しているのかはよくわからない。

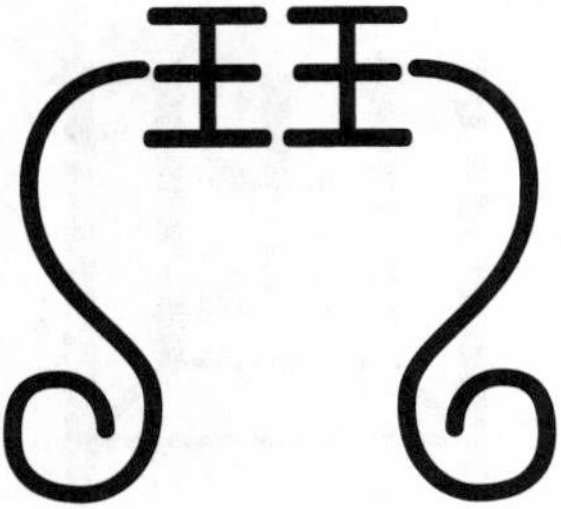

玉部6画（10）　㊥キン　㊫こと
（意味）琴

俗物どもの琴

素朴かつ美しい。「琴《こと》」の異体字である。琴の形をなぞっている。上にある「王」の部分は、弦をまとめる部品を表わしているのだろうか。

琴は中国古来の楽器で、紀元前の周代にはすでに存在していたという。

琴を弾くことは君子の嗜《たしな》みとされ、厳しい作法や奏法を定めた「琴学」「琴道」と称するものも生まれた。俗人どもに聴かせるのではなく、自然の中で幽玄に琴を爪弾《つまび》くことがよしとされたという。

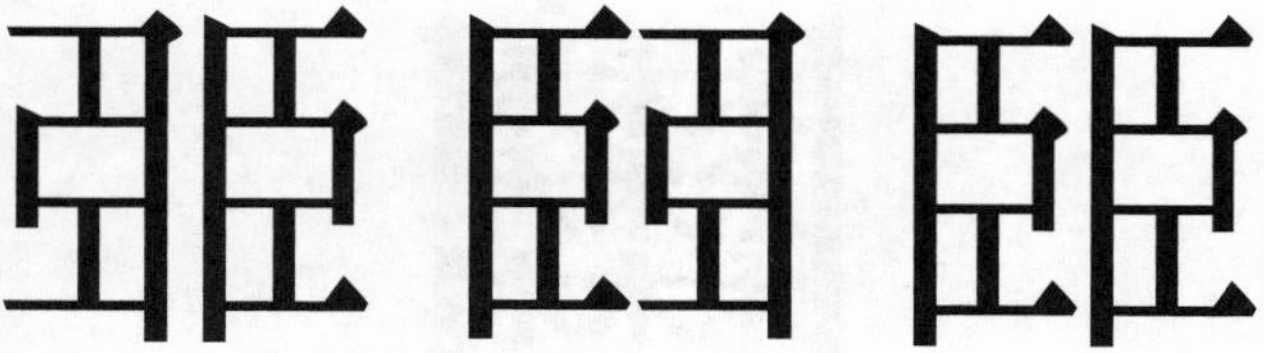

臣部6画（12） 音 キョウ・コウ
意味 そむく

背後から短刀で襲いかかる

「臣」が互いに背中を向け合ったり、睨みつけ合ったりしているので「そむく」。明快である。

といっても、「臦」はなぜ「そむく」になるのだろうか。臣が臣に追いすがっているように見えるのだが。

まさか、後ろから短刀を持って襲いかかっているとか……？

艸部39画（43） ㊥ユウ・ウ

意味 園。庭

菌が大量発生？

これは気持ち悪い。まるで「菌」が大量発生しているように見える。集合恐怖症の人には戦慄ものだろう。

もっとも意味は「園」だから、木が大量に生えているところを表現しているのだろう。

なお、似た字として「《ゆう》」があるが、こちらは草の名前を表わす。

艸部8画（12）
音 キュウ
意味 草が互いに交わりまとうさま

踊り出す字

文字全体が踊り出しているようだ。木々の生い茂った山を上空から見たようでもあり、生命力が漲《みなぎ》っている。

類似品に「〓《きょう》」があるが、これは「〓」とはほとんど関係がなく、「共」の古字である。

譱

羊部21画（27）
音 ゼン
訓 よ-い
意味 よい

迷路になっている

複雑怪奇。なぜ「言」を三回も書くんだ。しつこすぎる。内部が迷路か迷宮になっている。

これは「善」と同字。羊には「よい」という意味があるので、もともとは「よい言葉」の意味だ。

𤳳

田部15画（20）
音 ライ
訓 かみなり
意味 雷

テトリス？

まるでテトリスだ。「田」を四つも重ねた幾何学模様が美しい。

しかし意味は田んぼとはまったく関係なく、「雷」を意味する。

田部15画（20）
音 サツ
意味 未詳

「𤳳」とは別字

「𤳳《らい》」と見かけは酷似しているが、まったく違う字。意味は伝わっていない。それなのに、戸籍統一文字の中には入っている。

神秘としか言いようがない。

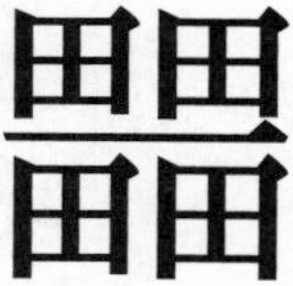

田部16画（21）
音 キ
意味 まむし。雷の音

もはや判別できない

これもまた「畾《らい》」にそっくりだ。ここまで来ると、誰一人区別できなくなるだろう。

もっともこの字には「まむし」という意味も混入している。

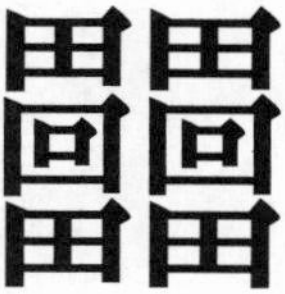

田部27画（32）
音 ライ
訓 かみなり
意味 雷

さらに複雑に

これも「畾《らい》」とよく似ているが、よく見ると内部に「回」が二つも入り込み、よりややこしくなっている。

しかし意味は「畾」と同じで、雷の古字である。

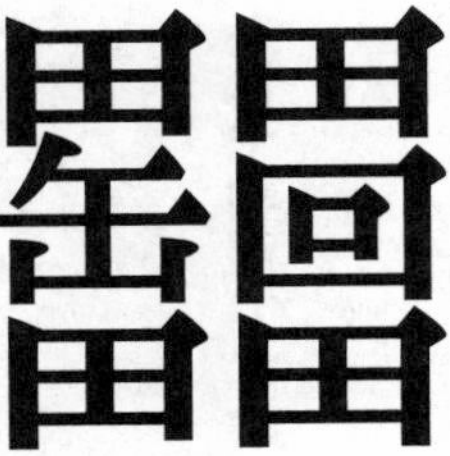

缶部26画（32）　音 ライ　訓 さかだる
意味 酒樽

缶が乱入している

これも複雑。

「田」をひたすら積み重ねたのかと思ったら、よく見ると、二か所だけ「缶」と「回」に化けている。内部は迷路だ。

これは「罍《らい》」の古字で、酒樽を表わす。器を表わす「缶」が乱入しているのはそのためだろう。

灬

火部0画（4）
音 ヒョウ・コウ
意味 はげしい火

適当すぎる

「熱」「熟」といった漢字の下の部分（れっか）ではない。これだけで一つの漢字である。

あまりに適当というか、単簡すぎる。

玉部1画（6）
音 ギョク
訓 たま
意味 玉

美しすぎる

あまりにも美しい、と言わざるをえない。しかも風格がある。

これは「玉」の古字。「玉」に「、」が付くのは、もともと「王」と区別するためである。

車部24画（31）　㊅テツ
（意味）未詳

アフガニスタンのデコトラ？

ケバケバしい字である。

まわりを飾り立てたトラック野郎のデコレーショントラックに見える。また、パキスタンやアフガニスタンにも、こんなふうにやたらと飾りをつけたトラックが走っている。

将棋の「金」と「香車」を組み合わせた駒にも見える。そんな駒があったら、さぞかし強いだろう。

といっても、意味は伝わっていないのだが。

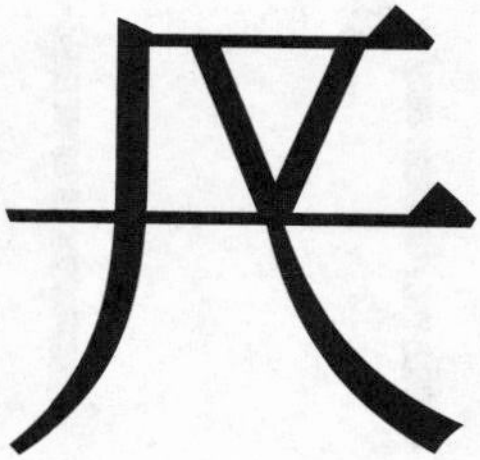 長

長部0画（6）　長部0画（8）

音 チョウ　訓 なが-い　意味 長い

カンディンスキーか

何やら入り組んでいる。

特に左の字は地図のようにも見え、川が上部で二股に分かれているような形だ。カンディンスキーの抽象画にも似ている。

これは「長」の古字である。

長はもとは長髪の人間をかたどったものである。

门

門部0画（2）

㊔モン

門部0画（3）

㊔メン

㊫かど　（意味）門

いたずら書きではない

どちらも「門」の異体字である。

「门」などは、ただの一筆書きか、メモ帳に書いたいたずら書きとしか思えない。略しすぎだろう。

より精巧にできている「门」は、中国で使われる「門」の簡体字である。

𨺅

阜部8画（16）
音フウ・ブ
意味二つの丘の間

レントゲン写真か

なにやら込み入った字だ。まるでムカデの背中のようにも見える。レントゲンで胸部を写した姿にも見える。「𨺅」が肋骨、「𠆢」が鎖骨にあたるわけだ。

「𨸏」は岐阜の「阜《ふ》」の本字で、「丘」を意味する。

「𨸏」とそれを反転させた「𨸐」を組み合わせて、意味は「二つの丘の間」。

見かけがややこしい割には、意味はあまりにも芸がない。

𨽖

阜部25画（33）　㊅アイ　㊁せま-い
（意味）狭い

竹やぶの中で

「𨺅」をさらにややこしくしたのが、この字だ。何が何やらわからない。

「𨸏」と「𨸏」の間に、とにかくいろんなものが詰め込まれているのが見える。何やら間に竹林が生えているように見えなくもない。

これは「隘《あい》」の籀文《ちゅうぶん》である。

隘は「狭い」という意味。たしかに、「𨸏」と「𨸏」の間にガラクタが詰め込まれていて、キツキツだ。

阜部16画（24）

音 アイ
訓 せま-い
意味 狭い

さらに抽象的に

これも「𨽌《あい》」と同じくややこしい字。しかし、𨸏の間に詰め込まれた物体は「𨽌」よりさらに抽象的になり、意味不明になっている。

これも「隘」と同字である。

雨部32画（40）

音 ライ
訓 かみなり
意味 雷

混沌がとぐろを巻く

何やらすさまじく混沌としている。「田」だの「回」だのといった字が激しく旋回し、とぐろを巻いている。

これは「靁」の古字である。靁といってもそれ自体が面倒くさく、あまり知られていないが、「雷」の本字である。

𩇔

雨部44画（52）　音 ビョウ・ホウ
意味 雷の音

ビョウビョウ、ホウホウ

これはまたややこしい……。「雷」というただでさえ複雑な字を、四つも重ねなくていいだろう。しつこすぎる。

これは「雷の鳴る音」を表わす。とにかく、「雷」という字を多数集めてきて、雷鳴が喚《わめ》き叫ぶさまを表現したかったのだろう。

しかし、読み方は「ビョウ・ホウ」である。古代中国では、雷は「ビョウビョウ、ホウホウ」と鳴っていたのだろうか。

𩇔

雨部40画（48）　音 ドウ

意味 雲の広がるさま

𩇔……

「雲」を四つ重ねて「雲の広がるさま」。とても単純である。

ただ、「広がるさま」というのだから、「𩇔」というように横につなげたほうが合理的ではないだろうか。

この漢字には、私からイノベーションを提言しておきたい。描写は現実に忠実でありたいものである。

「𩇔」も百年後には漢字辞典に載っているかもしれないので、今のうちに覚えておくと得だろう。

丫

丨部2画（3）
音 ア
訓 あげまき
意味 あげまき。ふたまた

アアア……

ラテン文字の〝Y〟にそっくりである。意味は見たままで、「ふたまた」、または幼児の髪型である「あげまき」。

読み方は「ア」。人をおちょくっている。「丫《あ》丫《あ》」という熟語もあり、意味は「あげまきに髪を結った幼女」だ。

丱

卜部2画（4）
音 オウ
訓 あげまき
意味 あげまき。幼い

道路標識に使えそう

どこかの国の道路標識にありそうだ。もちろん道路標識の漢字ではなく、幼児の髪型である「あげまき」を意味する。その形を描いているのは言うまでもない。

糸部0画(?)
音 シ・ベキ
訓 いと
意味 糸

串カツではない

『字鏡集』に出てくる謎の物体。「糸同」と書いてあるから、糸と同字なのだろう。たしかに甲骨文字の糸はこれと似ている。子どもの描いた素朴なアートという感じか。串カツではない。

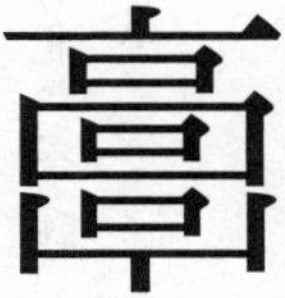

高部7画(17)
音 カク
意味 囲い

おでんではない

見ていて目が回りそうになる字。「高」という字を上下ひっくり返してつなげたものかと思ったら、よく見ると微妙に違う。串刺ししたおでんに見えなくもない。

これは「郭《かく》」の古字である。

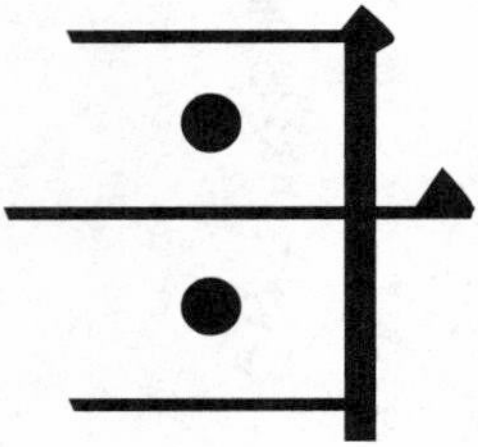

一部4画（5）　㊥チュウ　㊀うし

（意味）うし。十二支の二番目

なめてはいけない

明らかに人をなめている。

こんなものが漢字なのか。ただのイラストか記号にしか見えない。梅干しを二つ入れた弁当にも見える。

これは「丑」と同字である。意味は十二支の二番目、つまり動物なら牛、方角なら北北東、時刻なら午前二時およびその前後二時間である。

ヽ部4画（5）　㊥タン　㊦に
（意味）赤。まごころ

カルピスではない

これもまた人を馬鹿にした形である。グラスに酒を注いだように見え、このままバーや酒屋の看板に使えそうだ。真ん中の「、」は、梅酒の梅か、マティーニについているオリーブにも見える。また、昔のカルピスのマークがこんな感じだったか。

もちろんカルピスとはまったく関係なく、これは「丹」の古字である。

この字は「𠙵《こう》」や「𠮛《かん》」とはまったく別字なので、細心の注意が必要だ。

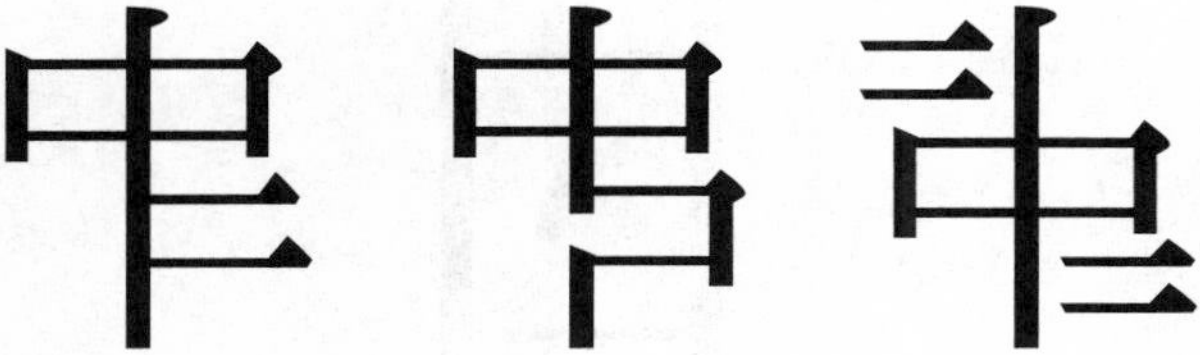

丨部6画（7）、丨部7画（8）　音 チュウ　訓 なか
意味 なか。あたる

かっこいい

これらは「中」の籀文《ちゅうぶん》である。あまりにグラフィカルでかっこいいと言わざるをえない。

もともと「中」は「軍の中央に立てる旗」をかたどったものとも言われている。だとしたら、これらの字の無駄にも思える横線は、旗の吹き流しが風になびいている姿を描いたのだろうか。

卣

卜部5画(7)
音 ユ・ユウ
意味 酒樽

コーヒーミルか

なかなかおしゃれな字。酒樽を意味し、もちろん酒樽の形を模した字なのだが、手回しのコーヒーミルにも見えないだろうか。上の「⺊」の部分が取っ手、中の「曰」が豆を粉砕する刃物なのだ。一家に一つ、備えておきたい漢字だ。

非部0画(8)
音 ボウ
訓 う
意味 十二支の四番目。ウサギ。東。午前六時および前後二時間

抽象アートか

ここまでくると、もはや抽象アート。特に内部にある「<」や「>」は漢字とは思えない。これは「卯《う》」の古字である。「卯」はもとは生贄《いけにえ》を切り裂いた姿を描いているという。そう思って見ると、恐ろしい字に見えてくる。

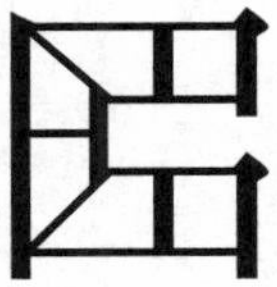

匚部8画（10）
音 ホウ
訓 はこ
意味 方形の容器。はこがまえ

ややこしいは正義

かっこいい。非常に立体的に見える。レンガを並べたようだ。あるいはすごろくか。これは「匸《ほう》」の籀文《ちゅうぶん》である。「匸」は構造があまりにも単純すぎ、使うと頭が悪そうに見えるので、もし使うのならややこしい「𠥱」をおすすめしたい。

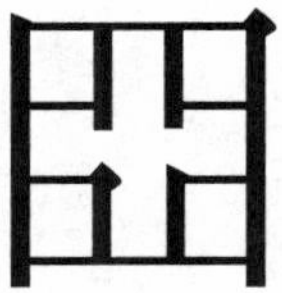

口部5画（8）
音 コ
意味 宮中の道

スイスの国旗？

地図みたいだ。真ん中に十字路を描いている。スイスの国旗にも酷似している。これは「壼《こ》」と同字。「宮中の道」という意味だから、地図に似ていて当然なわけだ。碁盤の目のように道が張り巡らされているのだろう。

𡓳

土部18画（21）
音 グ
意味 愚か

タペストリーか

壁をタペストリーやガラスのタイルで飾ったような、爽やかで美しい漢字。しかし意味は「愚《おろ》か」。たしかに「愚」と「𡓳」はよく見ると似ていなくもない。

㞢

屮部1画（4）
音 シ
訓 これ・しば
意味 これ。芝

読者に媚びない

こういう左右非対称な漢字は思い切りが良く、好感が持てる。読者に媚びない爽やかさ。これは「之《し》」または「芝《し》」の本字である。なお、「之」の本字には、「㞢」という左右対称で思い切りの悪い字もあるから要注意だ。

人部14画（16）
訓 けんか
意味 けんか

辛そうだ

奇書『譃《うそ》字《じ》尽《づくし》』に出てくる漢字。抽象的な模様のようだ。

読み方は「けんか」。人が八人集まって、しきりに揉めている。一番下の人は七人にのしかかられ、伸びてしまっている。

辛そうだ。

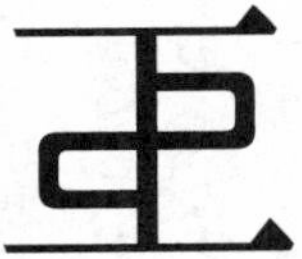

工部1画（4）
音 キョ
訓 おお-きい
意味 大きい

手に定規を持って

美しい。両手を広げた古代ギリシャの彫像のようにも見える。

これは「巨」の古字である。もともと、手に定規を持っている姿を描いたものなので、彫像に似ているのは必然かもしれない。

門部0画（8）
音 コツ
訓 たちま-ち
意味 たちまち

絡み合う者たち

「門」の片方をひっくり返した字。人間が二人、絡み合っているようにも見える。『字鏡集《じきょうしゅう》』に出てくる字で、「忽《こつ》」と同字だという。

弓部8画（11）
音 イ
訓 なす・ため
意味 なす。ため

抱き合うミイラ

「為《い》」の古字。

しかしこれは不気味である。あたかもミイラが二体、抱き合って発見されたようにも見える。不自然なまでの左右対称。むしろ少しは左右非対称にしてくれたほうが、自然で安心するのに。

戈部12画（16）　㊀ホツ
（意味）乱す

惑《まど》い乱れる

怪しすぎる。

「或《わく》」をひっくり返して、二つ重ねた文字。何かの暗号か象徴的な記号のように見える。

これは「誖《ほつ》」の籀文《ちゅうぶん》である。意味は「乱す」。

「或」には「疑う、迷う」という意味があるので、これをひっくり返して重ねたら、たしかに何かが乱れている感じがする。

子部15画（18）
音 キュウ
意味 未詳

子への執念

これはまた執念すら感じさせる文字。「子」を何回書き続ければ気がすむのか。抽象的な模様にも見えてくる。

おそらくこの字の発明者が子どもが欲しくてたまらなかったのだろうと思いきや、字の意味はわかっていない。

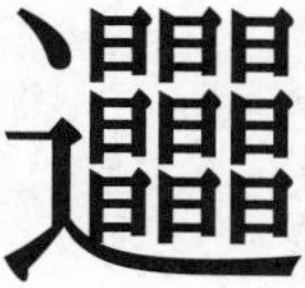

之部36画（39）
訓 はしたて
意味 橋立

日本三景の一つ

室町時代の『運《うん》歩《ぽ》色葉《いろは》集《しゅう》』という辞書に出てくる字。松島、宮島と並ぶ日本三景の一つ「天橋立」を意味する。

見ての通り、「日」を九つも並べている。天橋立が陽光に恵まれていることをよほど表現したかったのだろうか。

言部?画(?)
音 ゲン・ゴン
訓 い-う
意味 言う。言葉

ソフトクリーム?

綿菓子かソフトクリームに見える。『字鏡集《じきょうしゅう》』に出てくる字で、「言」と同字だという。

古文書を真剣に読んでいるときに、こんな間抜けなフィギュアが出てきたら、脱力してしまうだろう。

十部2画(4)
訓 とと
意味 人名に使う

舞い降りる十字架

美しい。冬の凍える夜空に、銀色の十字架が輝いているような。

「斗木《ととき》」という姓があり、そこで使われる字である。十《とお》を二つ重ねて「とと」と読ませたのだろう。

見部16画（23）
訓 なび-く
意味 なびく

虎がにらみ合う

虎と虎が、ひっくり返ってにらみ合っている。なぜこの字が「靡《なび》く」と同じなのか、よくわからない。

驚くべきことに、この字は戸籍統一文字にも入っている。誰かの名前に使われているのだろうか。

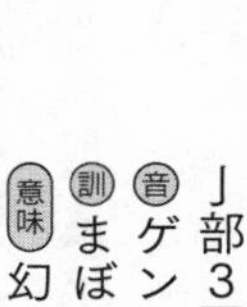

亅部3画（4）
音 ゲン
訓 まぼろし
意味 幻

幻覚を見る

「幻」の本字である。見ての通り、「予」をひっくり返している。

天地がひっくり返って、幻を見ているような気になってくる。

〇

口部0画（1）　㊣セイ　㊫ほし
（意味）星

女帝が勝手に作った漢字

星を意味する漢字。

しかし、こんなものが漢字なのか。ただの〝マル〟ではないのか。

だが、この字を馬鹿にしてはいけない。これは神聖かつ崇高な「則天文字」なのである。

則天文字とは、中国史上唯一の女帝である則天武后（六二四頃〜七〇五）が、自らの権勢を誇示するため、勝手に作らせた漢字である。その数は十八個ほどと言われている。

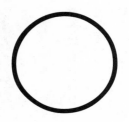

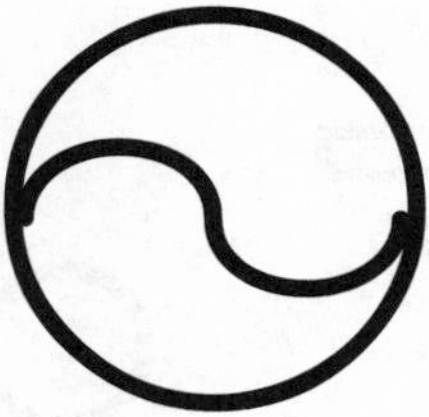

日部0画（2） 音ニチ 訓ひ
意味 日。太陽

無駄かつ美しい

これも則天文字で、「日」を表わす。

則天文字は、このようにグラフィカルで美しく、しかも実用性がまったくないので、個人的に好きである。

◯の中の曲線は、三足烏《さんそくう》を意味しているとも言われている。

三足烏とは、東アジア地域の神話などに見られる伝説の生き物である。古代中国では、太陽の中に三本足の烏《からす》が棲《す》んでいると考えられていた。

？部？画（？）音セイ　訓ほし
意味 星

素朴なアートのよう

則天文字の「〇《せい》」（P.136）を紹介したついでに、「星」の他の字体を紹介する。

見ての通り、曲線が多く素朴なアートのようだ。

私たちが現在使っている漢字がすべてこんな感じだったら、どんなにデタラメで楽しかっただろうか。

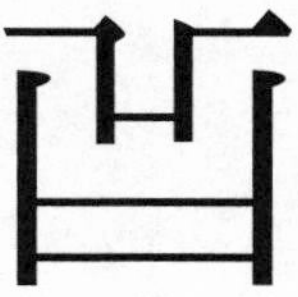

凵部4画（6）
音 カン
訓 あま-い
意味 甘い

引力を無視している

個人的に愛好している字。上の部分が浮遊していて、万有引力の法則に反している。シュールだ。

これは「甘」の古字である。もともと「甘」は、口の中に何かを入れた状態を描いていると言われている。

自部0画（7）
音 ジ
訓 みずか-ら
意味 みずから

ドッキリ番組か

人が落とし穴に落ちた瞬間を激写したように見える。下にはクッションが敷かれているようにも見える。テレビのドッキリ番組だろうか。

これは「自」の古字である。

石部4画（9）　㊙訓 どんぶと

意味 井戸に石を落とした音

「ぽっちゃん」はだめなのか

冗談のような漢字。「井《いど》」の中に石を投げ入れた図で、「どんぶと」と読む。もちろん、その時に響く音のことである。問題は、なぜ「どんぶと」と読むのかということだ。「ぽっちゃん」とか「ぴっちょん」はだめなのか。

人を馬鹿にしたような字だが、よく考えると「丼《どんぶり》」という漢字も、人を十分に馬鹿にしている。「丼」とは井に「、」(物)を投げ入れた図だからだ。そのときに「どんぶり」と音を立てるから「どんぶり」と読むのだ。

𣘺

木部4画（8）　㊊ざんぶと
（意味）井戸に木を落とした音

「ぺったん」ではだめなのか

これは「丼《どんぶと》」と同じパターンである。井《いど》に木を投げ込んだ状況を描いている。

しかし、やはりこれも問題なのが、なぜ「ざんぶと」と読むのかということだ。「ぺったん」や「とっぽん」ではだめなのか。なぜ「ざんぶと」が選ばれたのか。謎だ。

止部6画（9）　㊢サ・スイ
(意味)疑う

信じる者は救われる

妖《あや》しい字。なんだかよくわからないモノが三つも集まっている……。

これは「惢」の俗字である。といっても、「惢」自体がすでに妖しいしマイナーである。

惢は「疑う」という意味だ。心が三つ集まっているから「疑う」という意味になるという。

しかし逆に、三つ集まるから「信じる」という意味にはならないのだろうか。少し寂しくなる漢字である。

㸚

爻部4画（8）
音 リ
意味 明らか。窓格子を通した光が明るい

格子窓ごしにあなたを

朗《ほが》らかで明晰な字。
格子窓をかたどった字だと言われている。
格子の隙間から、明るい陽光が差し込んでくる。

𢑚

彑部6画（9）
音 シン
訓 さる・もう-す
意味 さる。申す

ユーモラスで真剣

「眉」を二つくっつけたように見える。どこかユーモラスだ。
しかしこれは「申」の古字で、もともとは稲妻を描いた真剣な文字である。

噩

口部13画（16）　㊥ガク
（意味）驚く。厳かなさま

ガラスのタイルを敷きつめて

幾何学的に美しい。ガラスのタイルを敷きつめたようだ。

意味は「驚く、厳《おごそ》かなさま」。何人もの人が口を大きく開けて驚いているように見えなくもない。

「噩噩《がくがく》」という絨毯《じゅうたん》の模様のような熟語もあり、意味は「厳かなさま」。「噩夢《がくむ》」は「驚いてみる夢」という意味である。

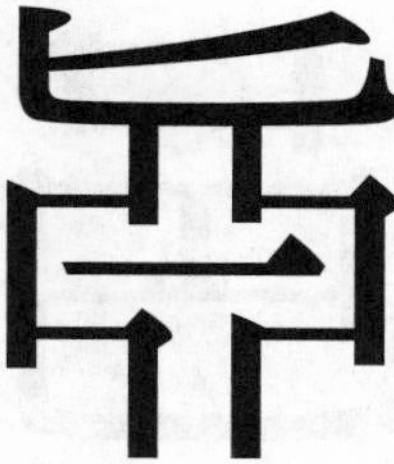

匕部7画（9） 音 シン 訓 ま
意味 まこと。本当

恐ろしすぎる

どこか神秘的な字。何かの土器か青銅器のようにも見える。

しかしこの字源は恐ろしいもので、人間の生贄《いけにえ》を鼎《かなえ》に入れて煮て殺す儀式を描いているという。

なるほど、青銅器のように見えたのは不思議ではなかった。上の「匕」は生贄の人間を表わしているのだ。

これは「真」の古字である。

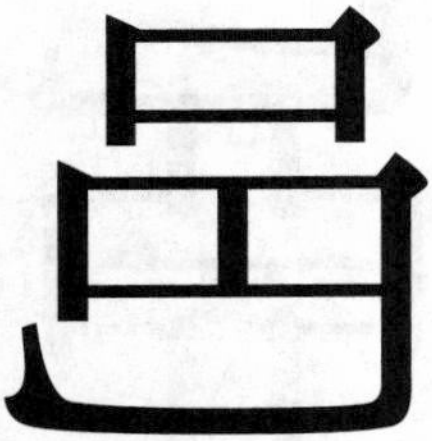

邑部0画（7） 音 エン 訓 くに・むら
意味 国。村

鏡に映された文字

シュールだ。

「邑《ゆう》」（国の意味）という字を鏡に映し、反転させている。こういう逆向きの鏡文字にはときどき出くわす。

意味は「邑」と反対になるかというとそうではなく、邑と同じ「国、村」である。

火部21画（25）　訓 いいかしぐ
意味 飯を炊く

美味しそうではない

何やらアートっぽい予感がするが、意味はいたって現実的で「飯を炊く」。しかし火の上で「言」が三つも焼かれているのはなぜか。あまり美味しそうには見えない。

この漢字のフォントが存在することも不可解である。国字。

魚偏の漢字　その2

魚偏の漢字のマニアックバージョン。
ここまで来ると、魚とは言い難いものも増えてくる。

鯏	魷	⿰魚杯
あさり	いか	いせえび
鯆	鰢	鰕
いるか	うみえび	えび
鰍	鯑	鱲
かじか	かずのこ	からすみ
鮗	鰆	鯢
このしろ	さわら	さんしょううお
鯱	鰑	鱘
しゃち	するめ	ちょうざめ
魹	⿰魚飛	鰒
とど	とびうお	ふぐ

第四章

読めそうで読めない漢字

犇

牛部8画（12）
音 ホン
訓 ひしめ-く
意味 ひしめく

ギューギューギュー

思わず「ギューギューギュー」と読んでしまう。しかも意味が「ひしめく」だから、できすぎだ。

もとは「牛が驚いて走る」という意味である。

轟

車部14画（21）
音 ゴウ
訓 とどろ-く
意味 とどろく。大きな音がひびく

車は三台

「品」のように同じ部品を三つ重ねた漢字は多いが、これもその一つ。訓読みは「とどろく」。

これは、車が三台走り、その音が響きわたっている状況を意味している。

𥗉

石部10画（15）　音 ライ

意味 1.石がごろごろするさま　2.心が広いさま

磊磊磊磊磊磊……

石を三つ重ねたから「石がごろごろする」のは当たり前である。

「磊落《らいらく》」（心が広く細かいことにこだわらないの意味）という熟語でも使われる。

また、「磊磊《らいらい》」というラーメン屋のような語感の熟語もあるが、これも磊落と同じ意味だ。ここまでくると石が六つである。

囮

口部4画（7）
音 カ
訓 おとり
意味 おとり。何かを捕まえるとき、おびきよせるために使うもの

不気味かつ寂しい

どこか不気味かつ哀愁のこもった字。四角い囲いの中に、化け物が囚《とら》われているように見える。

訓読みは「おとり」。「おとり」とは「招《お》き鳥《とり》（招き寄せる鳥の意味）」の転訛《てんか》だとも言われている。

閂

門部1画（9）
音 サン
訓 かんぬき
意味 かんぬき

マンガのよう

訓読みで「かんぬき」。たしかに「門」の間に棒を一本渡して、かんぬきをかけているように見える。マンガのような文字。

釦

金部3画（11）
音 コウ・ク
訓 ボタン
意味 ボタン。ちりばめる

空虚な字

単純でどこか空虚な文字だが、「ボタン」と読む。旁《つくり》の「口」がボタンのように見える。

もとは、器の口を金や銀で飾ったところを描いたもの。

轍

車部12画（19）
音 テツ
訓 わだち
意味 わだち。車輪の通りすぎたあと

もはや死語？

最近では「わだち」も死語になりつつある気もするが……。

舗装された道路が多いので、車輪の跡も残りにくい。近頃では「タイヤ痕《こん》」のほうが通りがいいだろう。

件

人部4画（6）　音ケン　訓くだん

意味 1.くだん。例の　2.頭が人間で体が牛の妖怪

妖怪クダンとは何か

「くだん」と読む。よく考えると「くだん」という言葉も妙な響きだが、これは「くだり」の転訛《てんか》したもの。

さらに妙なのが、「くだん」には「頭が人間で体が牛の妖怪」という意味もあることだ。

たしかに「件」という字は人偏に牛だから、そのままである。災害や疫病を予言する力があるという。

俤

人部7画（9）
訓 おもかげ
意味 おもかげ

風情はどこにいったか

国字である。「おもかげ」と読む。もっとも「面影」と書くほうが風情はあるか。旁《つくり》に「弟」とあるのは、兄と弟は似ているからとか。

恣

心部6画（10）
音 シ
訓 ほしいまま
意味 ほしいまま。勝手気まま

勝手にしろ

好き勝手にやるさまを「恣意的《しい》」というが、「恣」はそのままでも「ほしいまま」と読む。

余談だが、「淫乱」「淫靡《いんび》」の「淫」もまた「ほしいまま」と読む。なんとなくわかる気がする。

歪

止部5画（9）　音ワイ　訓いびつ
意味いびつ。物の形が歪んでいること

飯を入れる容器は歪んでいる

「不正」だから、読み方は「いびつ」。まことに正しい読み方だ。

「いびつ」という日本語は「飯櫃《いいびつ》」から来ている。これは飯を入れる木の器のことで、その形が楕円形であったことから、「物の形が歪んでいる」という意味が生まれたという。

羹

羊部13画（19）　音 コウ・カン　訓 あつもの
意味 あつもの。肉や野菜を煮込んだスープ

生肉を吹いて冷ます

「羹《あつもの》に懲《こ》りて膾《なます》を吹く」という中国の故事成語で使われる漢字。「羹（肉や野菜を煮込んだスープ）を食べたらとても熱かったので、これに懲りて、膾（生肉を細かく刻んだもの）を食べるときも、息で吹いて冷まして食べるようになった」という意味である。

もとは羔《こひつじ》を煮込んだスープのことで、それがとても美味だから「羹」と書くという。日本の羊羹《ようかん》の起源もこれで、小豆を羊の肝の形にして蒸し、汁に浮かべたのが始まりである。

旱

日部3画(7)
音 カン
訓 ひでり
意味 雨が降らずに乾く

乾く大地

「日」がカンカン照りになって、大地が「干」されているから、「ひでり」と読む。といっても、「干」の部分は「カン」という音を表わす音符であり、形声文字である。

霙

雨部8画(16)
音 エイ
訓 みぞれ
意味 みぞれ

雨まじりの雪が降る

雨の部の漢字は、微妙でややこしい字が多い。

この字は「みぞれ」と読み、雨まじりの雪を意味する。「英」の部分は音符である。

靄

雨部16画（24）
音 アイ
訓 もや
意味 もや

もやのかかる字

「もや」である。

画数は多く複雑だ。これくらい画数が多いほうが、なんとなくもやがかかっていそうでいい。

下の「藹《あい》」は音を表わす音符である。

霰

雨部12画（20）
音 サン
訓 あられ
意味 あられ

雨が散らばる

「あられ」と読む。「散」は音を表わしている。

「雨」が「散」らばって降ってくるのだから、いかにも「あられ」という感じなのだが……。

雹

雨部5画（13）
音 ハク
訓 ひょう
意味 ひょう

雨が包まれて

「ひょう」と読む。

下の「包」は音符だが、なんとなく「雨」が「包」まれて降りてくるようで、「ひょう」の情感が出ていなくもない。

雫

雨部3画（11）
音 ダ
訓 しずく
意味 しずく

雨が下りてくる

これも「下」はただの音符で、意味はない——と言ってしまいたいが、それは違う。

これは国字である。「雨」が「下」に降りてくるから「雫《しずく》」だと、ちゃんと合理的な意味合いがある。

凩

几部4画（6）
訓 こがらし
意味 木枯らし

葉を吹き飛ばす

この章には多い国字である。「こがらし」と読む。

木の葉を吹き飛ばして枯らせる風だから「木枯らし」という。

凪

几部4画（6）
訓 なぎ
意味 なぎ。風が止まり、水面がおだやかになること。

子どもでもわかる

「風」が「止」まるから「なぎ」である。国字にしばしばあることとして、子どもでもわかるような理屈だ。

颪

風部3画（12）　㊓おろし
（意味）おろし。山から吹き降りてくる風

数々の「おろし」

「風」が「下」へと降りてくるから、「颪」は「おろし」と読む。例によって国字である。

颪と言えば、阪神タイガースの応援歌にもなっている「六甲颪」が有名だが、日本にはほかにも颪はたくさんある。安田颪、筑波颪、赤城颪、富士川颪、榛名《はるな》颪、那須颪――と、挙げていくときりがない。

虞

虍部7画（13）　音 グ　訓 おそれ
意味 おそれ。騶虞

仁獣《じんじゅう》・騶虞《すうぐ》の謎

「夜ふけすぎには雨のおそれがあります」などというときの「おそれ」である。

また、この字は「騶虞《すうぐ》」も意味する。

騶虞とは、古代中国の空想上の動物である。白い虎のような体の上に黒い模様があり、尾は身より長い。自ら死んだ動物の肉しか食べないという、なかなか人間のできた獣である。徳のある君主が現れたときだけ、姿を見せるという。

麗

鹿部8画（19）　㊌レイ　㊓うら-ら
（意味）うららか。空が晴れて太陽がのどかに照っているさま

鹿の角は麗《うるわ》しい

「華麗」「麗人」などというように、「麗」という漢字には優美なイメージがあるが、「うらら」というのどかでかわいらしい読み方もある。

ちなみに、「麗」の字はもともと「鹿」の角の部分を強調したものだという。それが後に「うるわしい」の意味になった。

麓

木部15画（19）
音 ロク
訓 ふもと
意味 ふもと。山のすそ

麗《うら》らかな麓《ふもと》で

「麗」と間違えそうになるが、こちらは林＋鹿である。この一字で「ふもと」と読む。
「林」が意味を表わし、「鹿《ろく》」は音符である。

叢

又部16画（18）
音 ソウ
訓 くさむら
意味 くさむら

密集して生えている

複数の書物を集めてまとめたものを意味する「叢書《そうしょ》」という言葉に使われる字。「叢」だけで「くさむら」と読む。

たしかになんだかややこしく、草がぼうぼうと密集して生えているように見える字だ。

転

車部4画（11）
音 テン
訓 くるり
意味 くるり。軽く回転するさま

便利な漢字

「くるり」とはなんとなく間抜けな読み方だが、これを一字で表現する漢字があるのは便利である。かえって画数は増えるが……。

もちろん、「転がる」という意味から来ている。

稿

禾部10画（15）
音 コウ
訓 したがき
意味 下書き

わらと下書き

「原稿」「草稿」などに使う漢字だが、「稿」だけで「したがき」と読めてしまう。

もともと「稿」は「わら」という意味である。だから禾偏《のぎへん》がついている。

機

木部12画（16）
音 キ
訓 からくり・はずみ
意味 からくり。しかけ

理にかなっている

「機械」「機動」などに使われる「機」は「からくり」とも読める。

もともと「はた織り機」を意味する漢字だから、理にはかなっている。木偏なのは、はた織り機が昔は木で作られていたから。

樵

木部12画（16）
音 ショウ
訓 きこり
意味 きこり

一字で職業を表わす

「きこり」と読む。漢字一字で職業を示す例は、珍しいのではないか。

もっとも「きこり」と読む以外に、あまり使い道のない漢字だ。確定申告のときに「職業：樵」で通用するのかは知らない。

栞

木部6画（12）　音 カン　訓 しおり
意味 しおり

活字の森をさまよう

「しおり」と読む。

もとは、林の中を歩くとき、木の枝を折って作った道しるべを意味する。上の二つの「干《かん》」は音符だが、そう言われると木の枝で作った目印に見えてくる。

現代日本では「本の中に目印としてはさんでおくもの」を意味するが、たしかに栞は、活字の森の中をさまようときの道しるべになっている。

鋲

金部8画（12）
音 ブ
訓 ブリキ
意味 ブリキ

オランダ語から生まれた漢字

「ブリキ」と読む。

もともと「ブリキ」は、オランダ語で薄い鉄板を意味する“blik”から来ている。金偏に音を表わす「武《ぶ》」をくっつけて「ブリキ」と読ませた。

酣

酉部5画（12）
音 カン
訓 たけなわ
意味 まっさかり

酒を楽しめ

「宴《えん》たけなわ」というときの「たけなわ」である。

左の「酉」は、もとは酒つぼをかたどった象形文字である。つまり「酉」と「甘」を合わせて、酒を楽しむというのが本来の意味だ。

鐚

金部12画（20）　音ア　訓びた

意味 質の悪い銭

金は罪悪か

「金」が「悪《わる》」いで「びた」と読む。わかりやすいから国字である。「鐚一文《びたいちもん》」や「るもんか」などというときに使う。

「鐚」とは、もともと室町時代から江戸時代にかけて流通した、私鋳された粗悪な銭のことを指す。

江戸幕府が寛永通宝の鋳造を許可してから、鐚は衰滅していったのだが、鐚という漢字といかがわしい意味だけはしっかりと残ってしまったのだ。

埒

土部7画（10）　音ラチ　訓かこ-い
意味らち。区切り

競馬ファンたちへ

「ラチ」というのはよく考えるとよくわからない言葉だが、もとは馬場の周囲に作った柵《さく》のことである。

「埒があく」（かたがつくという意味）という言い回しは、一説には、もとは京都の加茂の競馬《くらべうま》を見に来た人々が、待ちわびて言った言葉に始まるという。「やっと埒（馬場の柵）が開いたぞ」というわけだ。

霾

雨部14画（22）
音 バイ
訓 つちふ-る
意味 土が風に舞い上げられて降ってくる

黄砂を示す漢字も

雨の下に貍《たぬき》が入っていて怪しい字だが、「つちふる」と読む。

文字通り、土が風に舞い上げられて降ってくることである。中国からやってくる黄砂もこれである。

轌

車部11画（18）
訓 そり
意味 そり

そりに車はついているか

国字である。「雪」の上を滑る「車」だから「そり」と読む。

といっても、そりに必ず車がついているわけではないが……。

「そり」と読む漢字はほかにも「橇」や「艝」などがある。

俥

人部9画（7）　訓 くるま
意味 人力車。rickshaw

リキシャは世界へ

人偏に車で「くるま」と読むが、もちろん自動車ではない。人力車のことであり、これも国字。

人力車は明治時代に日本で造られ、世界中に広まった。おかげで人力車を意味する“rickshaw”なる英単語が存在するほどである。インドでも人力車のことをリキシャという。

李

木部3画（7）　音 リ　訓 すもも
意味 すもも

フルーツと帽子

「李」は中国や韓国で非常に多い姓だが、訓読みで「すもも」と読む。文字通り、桃よりも実が酸っぱいバラ科の植物だ。「李下《りか》に冠《かんむり》を正さず」（李の木の下では、冠を直すようなことはしない――疑われるような行動はしないほうがいいという意味）という故事成語で使われる字である。

孰

火部11画（15）　音ジュク　訓つくづく・つらつら
意味つくづく。じっくり

熟れることは煮えること

「つくづく」「つらつら」と読む。

「孰《じゅく》」はもともと「食物が煮える」という意味で、さらに「灬《れっか》」を加えている。

「食物が煮える」ことは「果実が熟れる」ことに似ているので、成熟という意味になったという。

髷

髟部6画(16)
音 キョク
訓 まげ
意味 まげ

縮れ毛?

訓読みでは「まげ」と読む。
髪を束ねて曲げたもののこと。もとは
「縮れ毛」という意味である。

栖

木部6画(10)
音 セイ
訓 すみか
意味 すみか。住む
ところ

木の上の巣

「すみか」と読む。
鳥が木の上の巣に止まっているところ
を表現しているとも言われている。

俎

人部7画（9）　音 ソ　訓 まないた
意味 まな板

まな板に生贄《いけにえ》を

「俎上《そじょう》にのせる」（物事を取り上げて論じるという意味）といったときに使う「俎」は、そのままで「まないた」と読む。「且」は祭り台で、「仌」は「肉」の本字。つまり、祭り台の上に生贄《いけにえ》の肉を置いた様子を描いている。

漢字の起源には、太古の宗教的儀式を描いたと思われるものがしばしばある。

抑

手部4画（7）　㊌ヨク　㊙そもそも
（意味）そもそも。おさえる

抑《そもそも》、抑《よく》とはどういう意味か

「抑圧」「抑揚」などで使われる「抑」は、訓読みで「そもそも」と読める。

「そもそも」と書くよりも大幅に字数を節約できる。問題は、多くの人が読めないということだが、そういうときは「抑（そもそも）」というように、読み方を書いておくといいだろう。

「抑」は抑（そもそも）は「印」を逆転させた「𠨍」が本字で、もとは「印を押す」という意味である。そこから「おさえる」という意味になった。

篩

竹部16画（10）
音 シ
訓 ふるい
意味 ふるい

竹製である

「ふるいにかける」の「ふるい」である。ふるいとは、枠に網を張って細かい粒をより分ける道具のこと。

「師」は音符。竹かんむりなのは、もちろん竹でできていたからだ。

褻

衣部11画（17）
音 セツ
訓 け・ふだんぎ
意味 日常。普段着る衣服

ハレとケ

「猥褻《わいせつ》」などに使われる「褻」は、「け」と訓読みする。

「ハレとケ」（非日常と日常）というときの「け」である。「ケガレ」とは「ケのエネルギーが枯れること」だ。

また、褻は「ふだんぎ」とも読める。

厨

厂部10画(12)
音 チュウ
訓 くりや
意味 台所

台所は黒かった

「厨房《ちゅうぼう》」に使われる「厨」。訓読みで「くりや」である。

くりやとはもともとは「涅屋《くりや》」で、黒いところという意味。

この字だけで台所を意味する。

夥

夕部11画(14)
音 カ
訓 おびただ-しい・なかま
意味 多い。仲間

おびただしい仲間

「おびただしい」という誰でも知っている日本語は、「夥しい」とあえて漢字で書けば、格好つけることができるのでおすすめ。

また「なかま」とも読めるが、仲間が大勢いるかどうかはその人次第である。

鬣

髟部15画（25）　音 リョウ　訓 たてがみ
意味 たてがみ

モジャモジャすぎる

「たてがみ」である。

「髟《かみがしら》」がついているし、下には何やらゴチャゴチャした部品がついているので、いかにもタテガミをモジャモジャ逆立てているように見える。

同じ漢字を二つ続けた「鬣鬣《りょうりょう》」という混乱しきった熟語もあり、これは髪の毛が逆立っているさまを意味している。

醪

酉部11画（18）
音 ロウ
訓 にごりざけ・どぶろく・もろみ
意味 にごり酒。どぶろく。もろみ

お得な漢字

見るからに地味な漢字だが、これ一つで「にごりざけ・どぶろく・もろみ」と三品目の読み方ができるからお得である。

もっとも、どれも似たような意味ではあるが……。

醴

酉部13画（20）
音 レイ
訓 あまざけ
意味 甘酒

酒樽とたかつき

「あまざけ」と読む。

「酉」は酒樽を意味する。「豊」は実は「ゆたか」と読む漢字ではなく、見た目はまったく同じだが「レイ」と音読みし、たかつき（高い足のついた食物をのせる台）を意味する。

薔

艸部13画（16）
音 ショウ
訓 ばら
意味 バラ

労力が半分に！

書くのが難しい熟語の代表格に「薔《ば》薇《ら》」があるが、これからは安心していただきたい。一文字目の「薔」だけでも「ばら」と読めるのだ。これで覚える手間が半分になった。なお、「薔薇」は音読みで「ショウビ」とも読む。

蛻

虫部7画（13）
音 セイ
訓 もぬけ・ぬけがら
意味 もぬけ。ぬけがら

虚脱状態の虫

虫偏に「脱」（抜けるの意味）の右側の部分をくっつけているから、いかにも昆虫や蛇の「もぬけ、ぬけがら」という感じがする。

これで「蛻《もぬけ》の殻《から》」と漢字で書ける。

COLUMN

歌を覚えるのは簡単か

己	已	巳
己部0画（3）	己部0画（3）	己部0画（3）
音 コ・キ	音 イ	音 シ
訓 おのれ	訓 すで-に	訓 み
意味 おのれ。自分	意味 すでに	意味 み。十二支の六番目。ヘビ。南南東。午前十時およびその前後二時間

紛らわしいことで有名な漢字三つも、ここでついでに挙げておこう。己、已、巳は上記のように、すべて別字である。

古来から多くの人々が間違えてきたので、これを覚える和歌まである。

「中につく已《すで》にイの声、下につく己《おのれ》キの声、上は巳《し》の声」

この和歌を覚えるのが一番面倒くさいことは、言うまでもない。

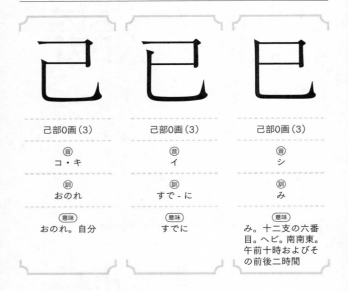

第五章

動物の漢字

龍部？画（？）　音リュウ・リョウ
意味龍。伝説上の動物

火星人か？

これらは金石文《きんせきぶん》（青銅器や石に描かれた文字）で、「龍」を表わしている。

もっとも、私たちが想像する龍とはまったく似ていない。昔のマンガに出てくる火星人のようにも見える。「古代の地球に宇宙人が来訪していた」と主張する人がときどきいるが、そういう人には、これらの文字が見つからないよう、細心の注意が必要だろう。見つかったら、これが「宇宙人が地球に来ていた証拠」と言われるに違いないからだ。

まあ龍は想像上の動物だから、想像が行きすぎてこんな形になったのか。

𩺰

魚部33画（44）　音 ギョウ・ゴウ
意味 魚が盛んなさま

ギョギョギョギョギョ！

これは誰でも「ギョギョギョギョギョ！」と読んでしまうだろう。

しかし、魚を四匹も集めたのだから、意味は「魚が盛んなさま」でなければならない。

ちなみに、類似品として「鱻《せん》」がある。これは「𩺰」より魚が一匹少ないので、「魚が少しだけ盛んなさま」という意味かと思ったら、まったく違う。「新しい・生肉」という意味である。

騼

馬部11画(21)　㊥ロク
(意味)「騀騼」で「野馬」の意味

馬鹿にするな

「馬」に「鹿」ときたら、善良な日本人なら誰でも「バカ」と読んでしまうだろう。

しかし、残念ながら読み方は「ロク」である。この字を用いた「騀騼《がろく》」という熟語は、「野馬《やば》」、つまり野生の馬のことを指す。

𠃾 𤕣 龜

乙部10画(11)　爻部8画(12)　龜部0画(16)

音 キ　訓 かめ　意味 カメ

子どもの落書きではない

古代中国では、亀の甲羅に文字を書いて火で炙《あぶ》り、その割れ方で吉凶を占った。また、亀という動物自体が非常に珍重され、その甲羅は通貨としても流通した。

亀の漢字の異体字は多い。私たちが普段よく使う「亀」は簡略化された文字である。それでも十分に複雑なのだが。

亀の漢字シリーズで面白いのは、「もともとは亀の甲羅の絵なんだな」とすぐわかってしまう明快さだ。「𠃾」などは子どもの落書きとしか思えない。「メ」の部分が甲羅の模様なのだろう。

狀

犬部4画（8）
音 ギン・ゴン
意味 犬が嚙み合う。犬が吠え合う

ギンギン吠える犬

犬が二匹向かい合って、意味が「犬が嚙み合う・吠え合う」だから、こんなわかりやすい漢字もないだろう。

読み方は「ギン・ゴン」。犬が吠え合う声に似ているような、似ていないようなな……。

猋

犬部8画（12）
音 ヒョウ
訓 はし-る
意味 犬の走るさま

寄ってたかって……

犬が三匹寄ってたかって集まり、走り回っている姿を写しているのだろう。

この字には「つむじ風」という意味もある。

犬部12画（15）
音 スイ・カイ
意味 メスのむじな

獣の心？

獣偏《けものへん》に心——野獣のようなワイルドな精神のことかと思ったが、これはただの「メスの貉《むじな》」。

貉とはタヌキやアナグマの俗称である。現代日本において使うことはまずない字だろう。

牛部10画（14）
音 ボ
意味 オス

おまえはどっちなんだ

牛なのか馬なのかはっきりしてほしい。牛と馬をかけ合わせた新種の動物か——というとそうではなく、これは動物のオスを指す漢字である。

駬

馬部6画（16）
音 ジ・ニ
意味 馬の名の字

馬の耳に……

「馬の耳に念仏」ではない。

周（紀元前十世紀）の穆王《ぼくおう》が所有していた名馬の名「騄駬《りょくじ》」に使われる漢字。

それにしても、三千年前の「馬の名前」がわざわざ残っているのがすごい。これが中華文化の偉大さか。

⿰姦馬

馬部9画（19）
音 カン・ケン
意味 馬に歩くことを習わせる

不穏な字

何やら不穏な字だ。

別に「牝馬《めすうま》が三匹集まって騒いでいる」のではなく、「馬に歩くことを習わせる」という意味である。

騙

馬部11画（21）

音 ギョ　意味 両目の白い馬

馬なのか魚なのか

「馬」に「魚」である。おまえは馬なのか魚なのかどちらなんだ、と誰でも問いただしたくなるだろう。

この字は「魚」と同じ意味を持つ。といっても、「騙」が水の中を泳ぐサカナを意味するのではない。

驚くべきことに、「魚」という漢字には「両目の白い馬」という意味があるのだ。「魚のような目をした馬」という気持ちなのだろうか。「魚」がそんなに奥深い漢字だったとは……！

龒

馬部16画(26)
音 リョウ
意味 野馬

お〜い！ 龒

坂本龍馬の崇拝者なら、たまらない漢字だろう。
しかし当然、日本の幕末の志士とはまったく関係なく、意味は「野馬《やば》」である。

魸

魚部6画(17)
音 ボク・モク
意味 魚の名前

ソーセージ？

どことなく懐かしい魚肉ソーセージを思い起こさせる。
意味は、『康熙《こうき》字典』というもっとも偉いとされる漢字辞典には、「魚名」とそっけなく書かれている。

鱻

魚部11画（22）
音 ロク
意味 魚の名

魚か鹿か

またこのパターンか。「鰞《ぎょ》」（P.193）のように、「おまえは魚か鹿かどっちなんだ」と聞きたくなる。といっても、答えはわかっている。これは「魚」の名前を指す字だ。

馬

馬部1画（11）
音 ボ
訓 うまがゆく（＊）
意味 馬が行くさま

たてがみ乱して

「馬」と間違えそうになるが、違う。左上にはらいが一つついている。意味は「馬が行くさま」。そう思ってよく見ると、左上の一はらいは、駆ける馬の乱れたたてがみのように見えてくる。

騂

馬部10画（20）　音セイ
意味 赤い馬

マッドサイエンティストの作品か

「おまえはいったいどちらなんだ」と突っ込みたくなる漢字の中で、もっともゴージャスな字。

「馬」と「羊」と「牛」が一緒くたになっている。マッドサイエンティストが実験室で創りあげた動物のようだ。

この字は「赤い馬」という意味。なぜ馬と羊と牛が混交しているのかは、よくわからない。

鳥部25画（36）

㊜ライ　（意味）ムササビ。モモンガ

迷い込んだ小鳥

これはまた複雑だ。「〓《かみなり》」（P.111）に似ているが、どさくさにまぎれて「鳥」が一羽、迷い込んでいる。

これは「鸓《らい》」の籀文《ちゅうぶん》で、「ムササビ、モモンガ」を意味する。ムササビもモモンガも哺乳類なので、鳥類ではないのだが……。

樹から樹へと飛び移る姿が鳥のように見えたのだろうか。

黽

黽部0画(13)
音 モウ・ビン
意味 カエル。アオガエル

蠅?

これもグラフィカルで抽象画のような文字だ。「蠅《はえ》」の右側でもある。意味は「カエル・アオガエル」。言うまでもなく、もともとカエルの形を模したもの。

鼂

黽部5画(18)
音 チョウ
訓 あさ
意味 ウミガメ。朝。明日

なにものかを載せて

「黽《もう》」(カエルの意味)の上になにものかを載せて、さらに複雑にしている。意味はなぜかカエルを超越してウミガメになっている。

鼉

黽部12画（25）
音 タ・タン
意味 ワニの一種

ハンドバッグか

「鼂《ちょう》」の上にさらに何かを載せて飾り立てた字。意味はウミガメを超えて「ワニの一種」だ。たしかに複雑な造りがワニの背中の模様にも見える。この漢字にそのまま取っ手をつけたら、ワニ革のいいハンドバッグになるだろう。

鼅

黽部12画（25）
音 シ
意味 ヒキガエル

重すぎる

いったいどこまで積み上げれば気がすむのか。一番下で頑張っている「黽《もう》」（カエル）はさぞかし重いだろう。この字は「ヒキガエル」を指す。

「亀」にかなり似ている字だが、なぜ意味がヒキガエルかは神秘である。

䶬

龍部6画(22)
音 ケン・チョウ
意味 龍のひれ

中国文化のすごさ

「龍のひれ」を意味する漢字。上の「干」がひれに見えなくもない。龍という空想上の動物の〝ひれ〟を意味する漢字まであるのが、中国文化のすごいところか。

龖

龍部16画(32)
音 トウ・ドウ
意味 龍の飛ぶさま

ドウドウと……

「龍」を二匹並べて「龍の飛ぶさま」。二匹の龍が、悠々と虚空を飛び越えていく姿が目に浮かぶようだ。「龘《とう》」という字も存在し、「龖」より龍が一匹増えているのに、意味はグレードダウンした「龍の行くさま」。不可解だ。

𪚥

龍部48画（64）

音 テツ・テチ　意味 言葉が多い。おしゃべり

おしゃべりな字

「龍」というただでさえややこしい字を、四つも積み重ね、さらにややこしくした字。「龍」は十六画だから、全部で六十四画ある。意味は「おしゃべり」だ。

一般的には、この字こそがもっとも画数の多い漢字だとされている。

「𪚥一《てついち》」という人名も存在する。もっとも画数の多い漢字と、もっとも画数の少ない漢字を組み合わせたわけだ。

といっても、この本ではこれより画数の多い漢字を採用している。その一つが「𱁬《たいと》」（P.18）で、八十四画もある。

𦍋

丨部4画(5)　音 カイ

意味 羊の角

見たままだ

「丫《あ》」(P.122) という人を馬鹿にした漢字があるが、それとはまったく違う。この「𦍋《かい》」は見るからに羊の角をかたどったものだ。

この字を用いた「𦍋𦍋」という熟語もある。何かがひび割れた模様にしか見えないが、意味は「羊の角が開いたさま」だ。

というか、羊の角が開こうが閉じようが、それがなんだという気はするが。

乙

乙部0画（1）　㊥イツ
（意味）つばめ

無理がある

まず、「乙《おつ》」とどう区別するのかという疑問が湧き起こってくる。やはりあまりにも似ているので、後には混同されてしまったようだ。

これは、燕《つばめ》を意味する漢字だ。「つばめが翅《はね》を開き、首をすくめて飛ぶのを横から見た形」（『大漢和辞典』）らしいが、無理があるのではないか。あまりそうは見えない。簡略化しすぎだろう。

麐

鹿部7画（19） 音リン 訓めすのきりん（*）
意味メスのキリン

動物園にはいない

「メスのキリン」のための漢字があるとは、やはり中国文化は偉大だと言わざるをえない。

もっとも、キリンといっても、私たちが動物園に行ってお目にかかれるキリンではない。中国の想像上の動物である「麒麟《きりん》」を指す。

麒麟は、馬の蹄《ひづめ》と牛の尾を持ち、頭に角が一本あり、鹿に似た体からは五色の光を放つ。聖人の統《す》べる世のみに現れるという。

蝯

虫部9画（15）　音エン　訓てながざる（*）
意味てながざる

猿もめまいを起こす

虫偏なのに「てながざる」である。おかしいと思うかもしれないが、猿を哺乳類に分類するのは、近代科学の発想にすぎない。それ以外の考え方では、別に猿を虫の一種とみなしてもかまわないのだ。

この字を使った「蝯眩《えんげん》」という妙な熟語があり、意味は「猿の目がくらむ」。

だからなんだと言われそうだが、「猿がめまいを起こすほど山が険しく高い」という意味である。

兔兔
兔

儿部22画（24）　音 フ・ハク
意味 速い

物理学の法則に反している

足の速い兔《うさぎ》が三羽集まってきている。

だから意味は「速い」。

すごくわかりやすいのだが、よく考えると、兔が三羽集まってきたところで、その速さは変わらない。速度を単純にプラスするわけにはいかないからだ。

そのあたり、この漢字はどう考えているのだろうか。

彐 ⺕

彑部0画(3)　音 ケイ・セツ　訓 けいがしら(*)

意味 イノシシの頭。ハリネズミの頭

曖昧な獣たち

どうも、動物の漢字にははっきりしないものが多い。この字にしても、「イノシシの頭」と「ハリネズミの頭」という二つの意味がある。

もちろん動物の頭をかたどった字なのだが、イノシシの頭とハリネズミの頭は、形が全然違うだろう。どちらかはっきりしてもらいたいものだ。

動物の漢字に曖昧な意味のものが多いのは、かつては動物の区別そのものが曖昧だったからかもしれない。

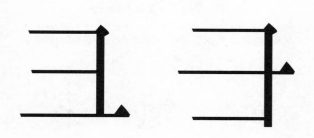

元素記号の漢字

中国語には元素記号を一字で表わす漢字がある。
その一部を繁体字でご紹介する。

氫	氦	碳
水素	ヘリウム	炭素
氮	氧	氖
窒素	酸素	ネオン
鋁	氯	鈣
アルミニウム	塩素	カルシウム
鈦	鍶	銫
チタン	ストロンチウム	セシウム
釹	鎢	鉑
ネオジム	タングステン	白金
汞	鐳	鈽
水銀	ラジウム	プルトニウム

第六章

何かがおかしい漢字

乒乓

丿部5画（6）　音 パン　音 ピン
意味 パンという音

胸騒ぎがする……

理由はよくわからないが、なにやら胸騒ぎがし、不安になる字だ。

中国には「乒乓」という熟語がある。これもなにやら不気味な気分にさせる熟語だが、意味は単に「ピンポン」、つまり卓球のことである。

「乒」も「乓」も、どちらも「パン」などといった音を表現する。「乒乓乒乓乒」と続けたら、「パンパンパンパンパン」と拳銃の音やドアをたたく音を表現できるわけだ。

覕

見部5画（12）
音 ベツ
意味 覆われて互いに見えない

不条理なダブルバインド

不条理な字。「必見」だと言いながら、意味は「覆《おお》われて互いに見えない」とは何事か。

これは一種のダブルバインドだろう。「見ろ」と言われているのに、実際には見えないのだ。

玉

玉部0画（5）
音 シュク
意味 傷のある玉。玉の細工人

たった一つの「丶」が字を狂わせる

初めてこの漢字を見つけたとき、私は非常に感動した。「玉」の「丶」を少しずらすだけで、まったく別の字になってしまうとは……！

言うまでもなく、この「丶」は玉についた傷を表わしている。

石　石　𥐘

石部１画（6）　石部１画（6）　石部2画（7）

音 セキ　訓 いし　意味 石

この世に漢字はいくつあるのか

すべて「石」の異体字である。

といっても、現代人の目から見ると、単に「石」を間違って書いただけじゃないかと思うかもしれない。

こういう字体までいちいち取り上げるから、漢字の総数は膨大なものになる。

この世にどれほどの漢字が存在するのか、正確な数は誰も知らない。

辛

立部1画（6）
音 ケン
意味 罪

変な文字は罪か？

「辛」を途中まで書いてやめてしまったように見えるが、「辛」とはまったく別の字で、意味は「罪」。「辛」の横棒を一つ欠くだけで、なんだか寂しくなる。安定感を失い、今にも倒れそうだ。

音

立部6画（11）
音 オク・シ
意味 こころよい

オロロ……

「音」と一瞬間違えそうになる。「音」の「日」を真ん中で分割し、内部に空間と横棒を入れるとこれになる。「オロロ」と思わず読んでしまう。

𠄞

二部0画（2）
音 ジョウ・ショウ
訓 うえ・かみ
意味 上。いただき

古代人も間違えたのだろうか

数字の「二《に》」ではない。「上」の古文である。下の線の上に何かがあるから「上」を示す。「上」の上の線と下の線を結ぶ線は、後に付け加えられた。さすがに古代でも「二《に》」と間違える人が続出したのか。

𠄟

二部0画（2）
音 カ・ゲ
訓 した・しも
意味 下。のち

「𠄞」や「二」ではない

先ほどの「𠄞《じょう》」とはまったくの別字である。「𠄞」は上の線が短いのに対し、この「𠄟」は下の線が短い。

この「𠄟」は「下」の古文である。理屈は「𠄞」と同じで、上の線の下に何ものかがあるから、「下」を表わす。

二

二部0画（2）　音（一つ上の漢字と同じ）
意味 同じ漢字を続けることを示す記号

「二二二二二二」は何と読むのか

これも「二」や「二」や「二」と別字で……って、きりがないな。実を言うと、私としてはどうでもいいのである。これらの漢字の区別がつかなくても、命に関わるようなことはたぶんない。

これは同じ漢字を続けることを示す記号である。「二《に》」や「二《じょう》」や「二《か》」との違いは、「二」は上下の線の長さが同じということだ。

たとえば、「二二二二二二」はただの線の集合体ではなく、「ジョウジョウゲゲニニ」などと読む。「上々下々二々」ということだ。

土 𡈽

土部1画（4）　音ド・ト　訓つち
意味土

墨を落としてしまったか

「土」の俗字。

俗字とはいうが、例によって、ただの書き間違いか、書いている途中に墨を一滴落としてしまったように見える。

そう言えば、「玉」の点を移動させただけの「王」（P.211）という字もあった。

「玉」と「王」は意味が微妙に違うのだが、この「土」と「𡈽」と「𤣩」はまったく意味が同じ。手抜きと言えよう。

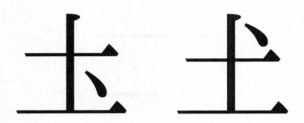

𠀋

一部3画（4）
音 キュウ
訓 おか
意味 おか

匠《たくみ》の技を感じる

かっこいい……。その一言に尽きる。右側の折れ曲がった線、しかもきっちりと九十度になっていないところに、匠の技を感じる。

これは「丘《きゅう》」と同字である。

𠀉

一部3画（4）
音 キュウ
訓 おか
意味 おか

尊敬のあまり……

「丘」に似ている。似ているのは当たり前で、これは「丘」の闕字《けつじ》である。

闕字とは、高貴な人に敬意を表するために、一部が省略された字のこと。孔子の諱《いみな》である「丘」は、孔子の名前を書くとき以外は「𠀉」を用いた。

朩

木部0画（4）
音 カツ・ガイ
意味 切り株

まるでクイズ

「木」の上の部分が消滅している。それで、意味は「切り株」だからまるでクイズである。

よく似ているが「不《ふ》」とはまったく別字だ。急いで書くとほとんど違いはわからないのだが。

艮

艮部0画（6）
音 コン
意味 逆らう。悩む

空虚感が漂う

「良」の上の一画が抜けている。なんとなく空虚感の漂う文字だが、もとは「良」とまったく関係がない。

意味は「逆らう」だ。

言

言部0画（7）
音 ケン・コン
意味 「言言」として使う

けっして「言」ではない

「言」のようだが、一番下の棒線がない。「言」という同じく怪しげな字とつなげて熟語を作る。「言言《けんげん》」で唇が強く締まっている様子を表わす。

言

言部0画（7）
音 ゲン・ゴン
意味 「言言」として使う

けっして「言」ではない

これも「言」とは別字で、よく見ると横棒が一本欠けている。そして、「言」とも別字である。「言言《けんげん》」で熟語となり、唇が強く締まっている様子を示す。字が「言」とほぼ同じなので、解説が似るのもやむをえないのである。

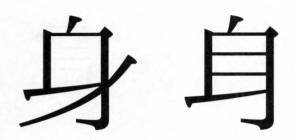

身　𠂆

身部0画（5）　　身部0画（7）

音 ケツ　意味 掘る

茫然自失？

なんとなく、むなしくなってくる字である。

「身」から何かが欠けている。人が身も心も空っぽになり、茫然自失となっているように見える。

意味は「掘る」。「厥《けつ》」の古字である。

身部0画（5）
音 ガ
訓 きば
意味 牙

むなしい牙を研いで

「身」や「身」とあまりにも似ているが、もちろん別字。

これは「牙」と同字だが、見かけはあまり似ておらず、弱々しい印象だ。

丶部2画（3）
音 カン・ガン
訓 まる-い
意味 丸い。鳥の卵

「凡」にあらず

けっして「凡」ではない。これは「丸」の本字である。

たしかに、この字を急いで書いたら「丸」になりそうだ。

今

人部4画（6）
音 トウ・ホン
意味 早く進む

間違えると大変

「今」という漢字に指をあてて下にずらしたら、残像ができてこのような字になるだろう。

これは「本《とう》」（早く進むの意味）の誤字である。意味はまったく「今」と違う……。これを間違えると大変だ。

襾

襾部0画（6）
音 ア・カ
意味 覆う

やる気のない字

「西」とどことなく似ているが、よく見るとまったく違う。意味も全然違い、「覆《おお》う」である。といっても、字の底が抜けているので、あまり覆われていない。全体的にやる気のない中途半端な字だ。

辛

辛部１画（8）　音シン　訓つら-い・から-い
意味つらい。からい

パチモンはどっち

「辛」ではない。横棒が一本だけ増えている。

どう見ても「辛」のパチモンとしか思えない字だが、驚くことに、これが「辛」の本字だという説もある。この場合、「辛」が「辛」のパチモンだということになる。もっとも、善良な一般市民からするとどうでもいいことだろう。

言うまでもなく、「幸」とも完全に別字で、意味もほぼ正反対である。

丹

冂部2画（4）
音 シュウ
訓 おわ-り
意味 終わり

うつろな舟

明らかに「舟」に似ている。偶然にも、読み方まで同じ「シュウ」だ。

もともと舟は内部が空洞だが、「丹」はそれをさらに空っぽにしたような、哀しいたたずまいがある。形はまったく似ていないが、「終」の古字である。

兵

八部5画（7）
音 チョウ
訓 なが-い
意味 長い

昔は似ていた

これは「長」の古字である。「長と兵はまったく違うだろう」と言われるかもしれないが、甲骨文字の段階ではそれなりに似ている。

ゆめゆめ「兵」という漢字や「兵八」という人名と間違わぬように。

𠔁

八部1画（3）　音 ハン

意味 ひく

存在意義を否定しないで

「八」という漢字の存在意義を横棒で抹殺し、完全に否定してしまったような、殺伐とした字だ。

この字は多くのフォントには含まれていないだろうが、Wordがあれば書くのは簡単だ。「八」という字に取り消し線を入れて「𠔁」にすればいいのだ。これでほぼ同じ字が作れる。

これは「𠬜《はん》」の隷書である。といっても、似ても似つかない字なのだが。

ナ

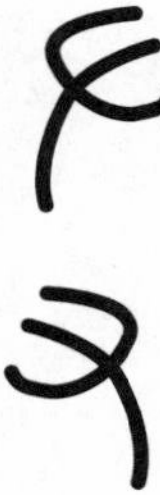

① ②

丿部1画（2）　音 サ　訓 ひだり

意味 左

左と右の違いとは

もちろんカタカナの「ナ」ではない。これは「左」の本字である。ご覧の通り、左手の形をしている。「これのどこが左手の形だ、右手と区別がつかないじゃないか！」という抗議があるかもしれないが、太古はちゃんと区別があったのだ。

　甲骨文字では左は①、右は②で表わす。これでどちらが左手か右手か明白だろう——といっても、「ぜんぜんわからないぞ」と非難されるかもしれない。しかし、自分の右手と左手をよく観察していただければ、違いはわかると思う。

力

力部1画（3）
音 リョク
訓 ちから
意味 力

そのままだ

「力」の古字。

「力」にひとはらい加えただけだ。まぎらわしいが意外性はない。

馬にはらいを一つ加えただけの「馬《うまがゆく》」（P.195）を彷彿《ほうふつ》させる。

办

力部2画（4）
音 ベン
意味 つとめる

面倒くさい

「はいはい、これも『力』の古字で……」と思ったら、まったく違う。

この字は「辦《べん》」という難しい字の俗字。「辦」と書くのが面倒なので、手抜きのあまりこんな形になってしまったのだろう。

声

士部3画（6）
音 ギョウ
意味 未詳

しわがれた声

もちろん「声」ではない。

「何かが足りない」漢字に共通するのだが、どこかむなしく、わびしいたたずまいがある。聞こえるか聞こえないかの細いしわがれ声のような。

意味は不明である。

羊

干部2画（5）
音 ジン・ニン
意味 刺す

突き刺されて

意味は「刺す」。

たしかに真ん中の縦棒が何かを突き刺しているように見える。

もちろん、「羊」とは何の関係もない。

幺部1画（4）
音 ベキ・ゲン
訓 いと
意味 糸。黒

関係性の糸が見える

はい、これも「糸」とは何の関係もなく……と言いたいところだが、残念なことに、これは「糸」と関係がありすぎるのだ。

この字は「糸」の古字である。また、「玄」の古字でもある。

止部0画（3）
音 タツ
意味 踏む

止まることの反対は

「少《しょう》」から一画を取り除いた欠乏字。

意味は「踏む」である。

これはもともと「止」を反対に書いたもので、だから意味も「止まる」の反対の「歩く、踏む」になったわけだ。

宀部5画(8)　音セキ　訓さび-しい
意味寂しい。静か

あなたのいない家で……

「家」から右の二本が抜けている。

何かが欠けた字は見ているだけで寂しくなってくるが、この「家」はひときわ寂しい。家の中から、誰か大切な人がいなくなったような寂しさを覚えるではないか。

――と思ったら、この字は「寂《せき》」と同字なのだった。話としてはできすぎている。

非部2画(10)
音 ボウ
訓 う
意味 十二支の四番目。ウサギ。東。午前六時およびその前後二時間

毛虫の背中か

「兆」を二つむりやり結合したように見える、どこか壮大な文字。

しかし意味はまったく別で、「卯《う》」の古字である。

毛虫を上から見た図に見えなくもない。

非部2画(10)
音 ボウ
訓 う
意味 十二支の四番目。ウサギ。東。午前六時およびその前後二時間

怪しい……

怪しい字だ。

「非」に似ているが、横線が二本多い。ゲジゲジや毛虫のような、どこか気持ち悪い虫にも見える。

これは同じように不気味な「非《ぼう》」と同字である。

孑

子部0画（3）　音 キツ・ケツ　訓 ひとり

意味 ひとり。小さい

「子子」と「孑孒」は区別してほしい

もちろん「子《こ》」とは別字――なのだが、こんなものはさっと書いたら、区別がつけようがない。

これは「ひとり・小さい」という意味の漢字。「孑孒《ぼうふら》」という熟語で使われる字である。

なお、念のためだが「孑孒」と「孑孑」は別の熟語である。後者は「ケツケツ」と読み、「ひとりぼっち」という意味だ。

あまりにもよく似ているので、最近では「孑孑」がぼうふらと読まれてしまっている。

𠫓

?部?画（3）

音 トツ

訓 う-まれる

意味 産まれる

産まれる……！

「子」をひっくり返した字である。意味は「産まれる」。子どもは頭から産まれてくるので、この字になったとか。『大漢和辞典』には「𠫓」の形で出てくるが、解説に「正しい字形は子を倒した𠫓」とあるので、こちらを採用した。

𤯔

生部1画（5）

音 ジン

訓 ひと

意味 人

説教くさいな

「一生」……ではない。これは「人」と同字だ。

いわゆる則天文字である。「人は一生、生きていかなければならないのだ」という意味が込められているのだろうか。どことなく説教くさい字だ。

𠄐

亅部1画（2）　音 チョウ
意味 かける。男性の陰部

ひっくり返せ

個人的に、こういう平衡感覚の狂った文字は好きである。「了」をひっくり返した文字だ。

形からして「かける」という意味があるのはわかる。しかし、「男性の陰部」という意味もあるのは、わかるようなわからないような……。

なお、「了𠄐《りょうちょう》」というふざけた熟語もある。意味は「衣服をだらしなくかけるさま、男性の陰部」だ。

亅部3画（4）
音 シュウ
訓 す
意味 州

飛びかかる猫

「州」の古字である。
もともと「州」の中の点々は、川の間にできた陸地を意味する。
「川」と書こうとしたら、猫が飛びかかってきて、筆が滑ってしまったような字だ。

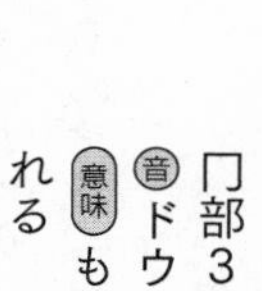

冂部3画（5）
音 ドウ・ノウ
意味 ものが低く垂れる

さりげなく strange

さりげないが、何かが変だ。「凹《おう》」とも「凸《とつ》」とも違うではないか。

「凹」は上がへこんでいるのに対し、この字は下がへこんでいる。意味は「ものが低く垂れる」で、もちろんその状況を描いているのだろう。

冃

冂部2画（4）
音 ボウ・モウ
意味 ずきん。覆う

月とずきん

「ずきん」を意味する漢字。「冂」はずきんの形、中の二本の線は飾りを意味している。

もちろん、「月」とは何の関係もない。

冄

冂部2画（4）
音 ゼン・ネン
意味 弱い。毛がふさふさと垂れるさま

月でもなく冃でもない

これもまたややこしい字だ。もちろん「月」や「冃《ほう》」とはまったくの他人である。

この字は弱いを意味する「冉《ぜん》」の古文である。

冉

冂部3画（5）
音 ゼン・ネン
意味 弱い。毛がふさふさと垂れるさま

出来そこないか

「再」の出来そこないのような漢字。意味は「弱い」。なるほどどこか力なく弱そうだ。

肭

肉部4画（8）
音 タン
意味 肌が破れる

引き裂かれた肉

神秘的。「月」を二つ書いただけかと思ったら、右のパーツは微妙に「月」とは違う。意味は「肌が破れる」だから、「冄」があたかも月（肉）が破れたもののように見えるが……。冄には弱いという意味がある。

甩

用部0画（5）

音 シュツ

意味 振る

漢字をつかんで振り回すと……

個人的に気に入っている文字。意味は「振る・振り捨てる」である。

たしかに、「用」の真ん中の棒をつかんで振り回したら、伸びてこんな字になりそうだ。

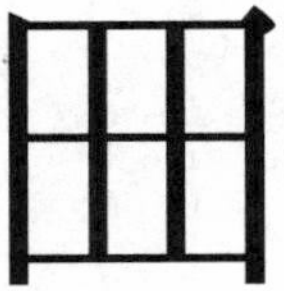

口部3画（6）

音 ソウ

意味 穴

穴があいている

「田」か「曲」と間違えてしまいそうだが、もちろん違う。「田」より縦線が一本多い。

意味は「穴」である。四角い字だが、たしかに穴があいているように見える。

冊

冂部4画（6） 音 サツ・サク 訓 ふみ
意味 ふみ。文書

しつこすぎる

これは「冊」の本字である。

しかし、しつこすぎるだろう。「冊」の中の横棒は、ぜひ一本にしておいてほしい。二本に増やして「冊」にするのはうざすぎる。

もっとも、もともと「冊」は、札を紐《ひも》で結びつけたものを描いたものだから、紐は多いほうが頑丈でいいのかもしれない。

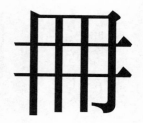

囬

口部4画（7）
音 カイ・メン
訓 まわ-る・おもて
意味 回る。おもて

よりややこしく

何か得体のしれない字。何かがおかしいのだが、それが何なのかはよくわからない。

この字は「回」の俗字、または「面」の古字。「回」の俗字といっても、「回」よりややこしくなっている。

口部3画（6）
音 リョウ
訓 よ-い
意味 よい。やさしい

得体がしれない

これも得体のしれない字。「目」にも見えるし、「日」の出来そこないのようにも見えるが、どちらとも違う。

これは「良」の古文である。

丶

丶部0画（1）
音 チュ
訓 てん
意味 てん。ともしび

こんなものまで……

こんなものまで取り上げるのはどうかとも思うが、多くの漢字辞典に載っているから仕方ない。「チュ」というもっともらしい読み方まであるのには驚く。

「丶」は「主」の古文で、「ともしび」という意味もある。

亅

亅部0画（1）
訓 こと
意味 こと

面倒くさい事は略すべし

アラビア数字の「1」や漢字の「丨《こん》」（P.22）ではない。上部が少し左に伸びている。

これは「事」の略字。いちいち「事」と漢字で書くのは面倒くさいから、この字が生まれたわけだ。

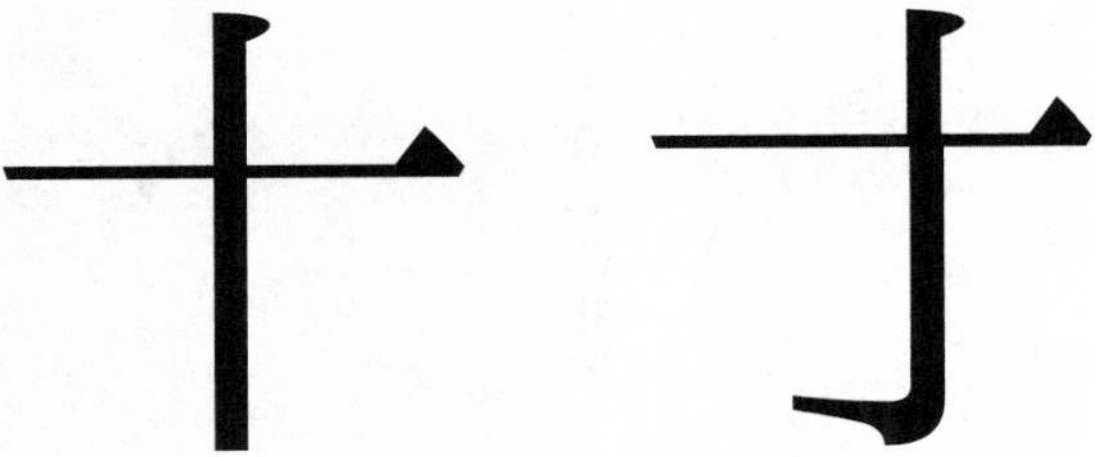

一部1画（2）　訓えだなし

意味 人名

とんちではない

漢字の「十《じゅう》」や「寸《すん》」ではない。「木《き》」という漢字の下の二つのはらいがないことから「えだなし」と読む。とんちではなく、人名である。

凪が止まるから「凪」だとか、山の上りと下りが重なるところだから「峠」だとか、どうも国字にはとんちやクイズみたいな字がしばしばある。

才

一部2画（3）
訓 えだおろし
意味 人名

枝は抜けた

カタカナの「オ」ではなく、「えだおろし」と読む。「木《き》」から「枝」が一本抜け落ちたからだ。

「十《えだなし》」や「丁《えだなし》」と同じく人名。国字である。

朮

木部1画（5）
音 ジュツ
訓 わざ
意味 技

略しすぎ

これもまったくやる気の見られない字。「木」にテンをつけただけだ。

この字は「術」の俗字である。しかし、略しすぎだろう。「術」の真ん中のパーツを適当に取り出しただけだ。よほど書くのが面倒くさかったのか。

禾

禾部0画（5）
音 ケイ
意味 とどまる

悲しくなってくる

これもむなしくなってくる字。禾《のぎ》（稲の意味）と似ているが違う。

「禾」は、木の先が曲がって止まり、これ以上伸びられないという状況を描いているのだ。

悲しい。

彡

彡部3画（6）
音 コウ
訓 たくみ
意味 物を作ること

不安になる

どうも不自然な字。こういう妙に左右非対称な漢字は、見ていて不安になる。なぜ右だけに「彡」があるのか。片頬だけに刺青をほどこした人間にも見える。

これは「彡」の古字である。彡は「工」と同字だ。

𩰋

鬥部0画（10）
音 ゲキ
意味 持つ

永遠の未完成

見ていて不安になる。何かが絶対的に欠けている、未完成な漢字。

しかしこれは「丮《げき》」と同じである。「丮」自体がどことなく変な形だが、これは「持つ」という極めて当たり前な意味を持っている。

𩰊

鬥部0画（10）
音 キク
意味 左手で持つ

「𩰋《げき》」の逆転

「𩰋」を反転させた文字。これも何か中途半端な印象を抱かせる。

「𩰋」も「𩰊」も「鬥《とう》」（戦うの意味）の片側を切開したものである。「𩰊」は「鬥」の左半分しか残っていないので、「左手で持つ」という意味だ。

自部1画（7）
音 ハク
訓 しろ-い
意味 白い

頭が転落しそう

下につっかえ棒でもしないと、上の「白」が転がり落ちそうな不安定な字だ。これは「白」の古字である。

もともと「白」の字が描いていたものについては、ドングリだとか頭蓋骨だとか、いろいろな説がある。

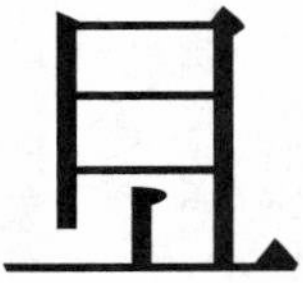

一部1画（6）
音 シャ・ショ
訓 かつ
意味 かつ。まな板

あみだくじ？

何なんだこれは……。あみだくじを作っている最中に、書くのを放棄した残骸のように見えるが、これは「且《しょ》」の俗字。左の縦棒はくっついているのに、右の縦棒はくっついていないのが斬新だ。

羋

羊部1画（7）
音 ビ・ミ
意味 羊が鳴く

「羊」ではない

「羊」と限りなく似ている……。だから羊と関係のある字かと思ったら、やはりそうで、意味は「羊が鳴く」。

ちなみに、羊の本字は「𦍌」というかなり微妙な形の字である。羊の角の形を描いている。

⿰聿彡

聿部3画（9）
音 シン
意味 飾る

書き忘れないように

なんとも中途半端な字だ。右下に何か書き忘れたかのようである。

「聿」は「筆」、「彡」は「飾る」という意味。

つまり、全体として筆で何かを書いて飾るということである。

弖

弓部1画（4）
音 ダン
訓 ひ-く
意味 はじく。射る

壁に弾痕が……

弾丸の「弾」と同字。「弓」に「、」を一つ加えただけだ。

もともと「弾」は弓で玉を射るという意味である。そう思うと、「弓」のよけいな「、」が、あたかも銃弾か弾痕のように見えてくる。

𢎗

弓部0画（3）
音 ダイ
訓 なんじ・すなわ-ち
意味 なんじ。すなわち

弓との違いは……

「乃」の古字。

「弓《ゆみ》」との違いは相当に微妙だが、この「弓」は一番上の横棒が少し左に長く伸びている感じか。

𢎗

弓部1画（4）
音 キュウ
訓 およ-ぶ
意味 及ぶ。追いつく

うんざりする

自分で書いていてうんざりしてくるのだが、これはもちろん「弓《ゆみ》」とも「弓《だい》」とも違う。

これは「及《きゅう》」の古字である。

𢎘

弓部0画（3）
音 カン・ゴン
意味 つぼみ

まったく似ていない

一見「弓《ゆみ》」に似ているが、「弓《ゆみ》」と「弓《だい》」の近似性に比べれば、この「𢎘《かん》」はぜんぜん違う。

意味は「つぼみ」だから、「弓《ゆみ》」とも「弓《だい》」ともまったく関連はない。

𢎘

弓部0画（4）
音 ケン・ゲン
意味 つぼみが多い

痙攣《けいれん》する字

何か病的なものを感じさせる字。文字全体が痙攣《けいれん》し、身をよじっているようにも見える。

意味は「つぼみが多い」。狂気を感じさせる字だが、つぼみを意味する「𢎗《かん》」を二つ積み重ねただけである。

𢎙

弓部2画（5）
音 ダイ
訓 なんじ・すなわ-ち
意味 なんじ。すなわち

無理やりつなげないように

これも奇怪な文字だ。「弓《ゆみ》」を無理やり二つつなげて、巨大な弓を作ったようにも見える。

しかし弓とは何の関係もなく、これは「乃《だい》」の古字である。もちろん「𢎘《けん》」（つぼみが多いの意味）とも無関係。

卞

卜部2画（4）
音 ヘン・ベン
意味 きまり・さわがしい

字源が不明

「下」と別字なのは言うまでもない。読み方は「ヘン・ベン」で、「きまり」などの意味を表わす。

字源は不明だが、「弁」の俗字とも言われている。

卜部2画（4）
音 ヘン
訓 かんむり
意味 かんむり

なぜかんむり？

下とは別字である。もちろん「卞《へん》」とも別字である。「下」の上に「丶」をつけている。しかし意味は「かんむり」。「下」なのになぜかんむりなのか。上の「丶」がかんむりを意味するのか。字源は不明である。

ノ

ノ部0画（1）
音 ヘツ
意味 右から左に曲がる

芸がなさすぎる

単に線を一本、はらっただけの字。意味はそのまま「右から左に曲がる」。芸がなさすぎる。

乀

ノ部0画（1）
音 フツ
意味 左から右に曲がる

乀として……

これもまた「ノ《へつ》」と同じく、工夫もやる気もない文字。左から右に曲がっているので、意味は「左から右に曲がる」だ。意味もまったく工夫がない。

「ノ乀《へつふつ》」という落書きのような熟語の意味は「船などが揺れ動くさま」。

乁

丿部0画（1）

音 イ

意味 流れる

区別しないとだめなのか

『大漢和辞典』には「乀《ふつ》は別字」と注意書きがあるが、いちいち区別するのが馬鹿らしくなる。

意味は「流れる」。左から右に線が流れているからだろう。

乁

丿部0画（1）

音 キュウ

訓 およ-ぶ

意味 及ぶ

お怒りはごもっともですが

「同じ字を何度も書くな！」とお叱りを受けるかもしれないが、「乁」と「乀」は違う字だから仕方ない。

「乁」は「及《きゅう》」の古字である。

ん

ノ部1画(2)
音 ヤ
訓 なり
意味 なり

女性器?

ひらがなの「ん」にしか見えないが、これは「也《や》」の草体である。簡略しすぎというか、投げやりな漢字だ。

ちなみに、「也」という漢字はもともと女性器をかたどったものだとも言われている。

せ

乙部2画(3)
音 ヤ
訓 なり
意味 なり

いい加減すぎる

これもいい加減な字。ひらがなの「せ」とどう区別をつけるのか。
これは「ん」と同じく、「也」と同字である。

乚

乙部0画（1）
音 イン・オン
訓 かく-れる
意味 隠れる

隠れてない

これは「隠《いん》」の本字で、意味は「隠れる」。遮蔽物の中に誰かが隠れている様子を描いている。

もっとも、これではまったく隠れていない。隠れるときは、もっと複雑な漢字に逃げ込んだほうがいいだろう。

乙部0画（1）
音 イン・オン
訓 かく-れる
意味 隠れる

隠れるならこちらがおすすめ

この字は「乚《いん》」の篆形《てんけい》。つまり、「隠れる」という意味だ。

「乚」よりも構造が複雑なので、漢字の中に隠れるとしたら、こちらをおすすめしたい。

𠃋

乙部0画（1）
音 コウ
意味 ひじ

見たままだ

「乚《いん》」とどう区別するのかという深刻な問題は残る。カタカナの「ム」にも似ている。

意味は「ひじ」。ひじを曲げた様子を描いているだけだ。

㐅

丿部1画（2）
音 ゴ
訓 いつ
意味 五

メ・㐅・X・×とは区別して

カタカナの「メ」、国字の「〆《しめ》」、ラテン文字の「X」、記号の「×《ばつ》」とどう区別するのか。少なくとも、ペンで書いたら全部同じに見えるだろう。これは「五」の古字で、木・火・土・金・水の五行が交錯するさまを描いている。

乄

丿部1画（2）
㊟ して
意味 ため。する。なす

メ・〆・メとは完全に別字

これも漢字の「メ《ご》」「〆《しめ》」、カタカナの「メ」と、常人は誰一人区別できないだろう。

この字は「爲」という漢字を略した国字である。

乂

丿部1画（2）
音 ガイ
訓 か-る
意味 刈る

ソ連の国旗ではない

これも「メ《ご》」「〆《しめ》」「メ」「X」「×《ばつ》」とは完全に別字で……って、我ながらうんざりしてきた。

この字は「刈る」という意味。「ノ」で鎌が左に動き、「乀」で右に動いて草を刈る姿を描いているという。

巜

巛部0画（1）
音 ケン
意味 こみぞ

「く」ではない

もちろん、ひらがなの「く」ではない。

これはケンと読み、田んぼに作られた細い水の流れを意味する。

巜巜

巛部0画（3）
音 カン・ケ
意味 おおみぞ

少し水を増やしてみる

もちろん、ひらがなの「く」を二つ並べたものではない。

これは「カン・ケ」と読み、田んぼに作られた太い水の流れを意味する。

だから「く《けん》」を二つ書き連ねたわけだ。わかりやすすぎる。

巛

巛部0画(3)
音 セン
意味 川

く→巜→巛

「川」の本字である。

つまり、水の流れが少ないと「く《けん》」になり、少し水の量が増えると「巜《かん》」になり、さらに増えると「巛《せん》」になるわけだ。

巛

巛部0画(3)
音 コン
訓 つち・ひつじさる
意味 つち。ひつじさる(南西)

乾坤一擲《けんこんいってき》の勝負

「土、大地」を意味する「坤」の古字。「乾坤一擲《けんこんいってき》」(運命をかけての勝負)という熟語で使われる字である。

川の本字である「巛」と酷似しているが、この「巛」は中間部が遊離している。

𡿧

巛部1画（4）　音 サイ　訓 わざわ-い　意味 災い

ツェルナー錯視か

まるでサンマの骨のようである。

しかし本当はそんな暢気《のんき》な字ではなく、「災」の古文である。

「巛」（川の本字）に一を加え、川がふさがり、氾濫を起こしている状況を描いているのだ。

中国の文明は川べりから始まったというから、古代人にとっては、災害というものはすなわち川の氾濫だったのだろう。

この字を並べて書くとほとんどツェルナー錯視になるのがいい。

【𡿧を並べて書くと】

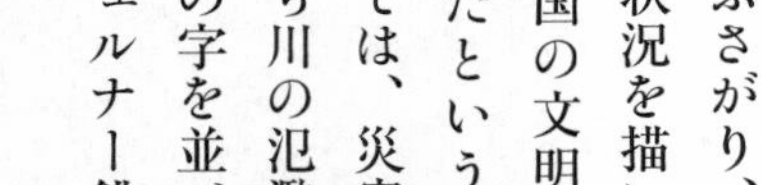

【ツェルナー錯視】

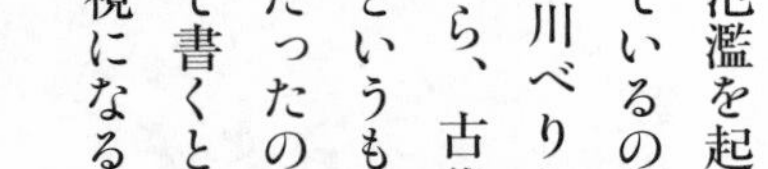

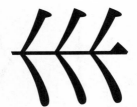

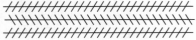

亠

亠部0画（2）
音 トウ・ズ
意味 未詳

人間の首？

こんなものが漢字なのか。ただの記号としか思えない。

しかも、意味は不明。一説には、人間の首を意味しているとか。罪人の首が斬られ、さらし台の上にさらされている光景を想像してしまう。

生部3画（8）
音 セイ
訓 かばね
意味 姓

生の女？

「生きている女」でもなければ「生《なま》の女」でもない。これは「姓」と同字。

よく見ると、「女」と「生」を逆転しただけだ。古代中国では、女のみが姓号を持ったのでこの字が作られた。

単位を表わす漢字

西洋の単位を強引に漢字にした例をまとめて紹介する。
国字が多い。

米 メートル	粍 ミリメートル	糎 センチメートル
粁 キロメートル	吋 インチ	呎 フィート
碼 ヤード	哩 マイル	浬 カイリ
立 リットル	竓 ミリリットル	竏 キロリットル
瓦 グラム	瓱 ミリグラム	瓩 キログラム
瓲 トン	唹 オンス	听 ポンド

第七章

なぜ奇妙な漢字が存在するのか

今から四千年ほど前に黄河流域に甲骨文字が出現して以来、おびただしい数の漢字が地球上に溢れました。

第一～六章では、それらの中から奇妙なものを選んで取り上げてきましたが、ここからは、なぜそういった漢字が存在するのかを考えていきます。

理由としては、次のようなものがあるでしょう。

(1) 辞書の編纂者のコレクター欲

現在、もっとも多くの漢字を収録している辞典は中国の『中华字海』だと言われています。これには八万五千五百六十八もの親字が掲載されています。

「漢字はそんなにあるのか、とても覚えきれないよ」と絶望する人もいるかもしれませんが、ご安心ください。これらの漢字の多くは、単に辞書に載っているだけで、実際に使われた形跡のない「死字」だからです。

大きな漢字辞典を見ると、「意味　未詳」などと書いてある字がとても多い。意味がわからないというのです。

お願いだから、そんな漢字はわざわざ載せないでほしい。おかげで、私がこんな本を書かねばならなくなりますから。

それにしても、編纂者はなぜこんな役に立たない漢字を辞書に採用してしまうのでしょうか。

それは、「辞書は収録語数が多いほうが偉い」という考え方があるからでしょう。ですから、辞書の編纂者は数々の古文書を探り当て、ある文書に一度しか出てこない文字、辞典には載っているが実際には使われた形跡がまったくない字まで収集し、あらたに辞典を作ってしまうのです。

根源にあるのは、編纂者の収集欲や完璧主義だと考えられます。現代でも「コンプリート」と称して、何かのカードやフィギュア、本、CD、しまいには電車のつり革や道端に落ちている手袋まで際限なく集めてしまう人々がいますが、これは辞書編纂者と同じ衝動に突き動かされているのでしょう。

宇宙のすべてを分析し、自らの中に引き入れ、所有してしまうという果てしのない欲望——。

（2）個人が勝手に作った漢字がある

この世には、個人で勝手に漢字を作ってしまう人々がいます。ほとんどの場合は、それらは忘れられ、歴史の中に埋もれていくのでしょうが、それらがたまたま何かの書物に載ってしまうと、なかなか無視できない存在になります。

たとえば、本書で取り上げた「《おおいちざ》」（P.20）や「《おしゃべり》」（P.17）などがそれです。これらは、江戸時代の戯作者が滑稽本の中で創造した字です。

いわゆる「則天文字」もそれです。

則天文字とは、中国史上唯一の女帝である則天武后（六二四頃～七〇五）が、自らの権勢を誇示するために作らせた漢字です。その数は十八個ほどと言われています。本書で取り上げた「〇《せい》」（P.136）「《にち》」（P.137）などがそれです。単純かつグラフィカルで実用性がまったくない字が多いので、私はとても気に入っています。

（3）方言漢字の存在

ある地域でしか使われない漢字――方言漢字が存在するのも、ややこしい話です。

𰻞𰻞麺《びゃんびゃんめん》の「𰻞《びゃん》」（P.16）という字がそうです。これは、𰻞𰻞麺が食されている陝西省で使われている漢字で、ほとんどの辞書には載っていません。

「有」の中身を取り去った「冇《もう》」も、広東語のみで使われる字です。

日本にも方言漢字は存在します。しばしば地名に使われ、埼玉県八潮市の「垳《がけ》」、島根県松江市の「淞《しょう》」、岡山県の「嵶《たわ》」などがあります。それにしても、これらの漢字がパソコンですぐに変換されてしまうのには戦慄します。

そして、「辻」「凩《こがらし》」（P.161）「俥《くるま》」（P.173）といった日本の国字も、世界的に見れば方言漢字の一種だと言えるでしょう。

（4）異体字の存在

漢字には正字のほかに、俗字、誤字、譌字《かじ》（間違った字）などと称する異体字があり、それらを取り上げていくと膨大なものになります。

たとえば、「石」の異体字に「㕣」「𠮨」（P.212）などがあります。現代人から見ると、ただの「石」の書き間違いに思えるかもしれませんが、これらをきっちりと拾い上げている辞書もあるので、そのたびに漢字が増えていきます。

漢字を書く方法が変わるごとに、異体字は生まれるとも言われています。たとえば、亀の甲羅にナイフで刻みを入れる場合、紙の上に毛筆で書く場合、さらにはスマホをフリックして漢字を入力する場合では、当然書かれる字体は変わってくるわけです。

（5）忘れられた個人や地名の漢字がある

面倒くさいのが、人名や地名の漢字です。

それが歴史に残るような有名人の名前なら、話は簡単です。しかし、その人物が忘れ去られ、にもかかわらず名前だけぎりぎり古文書に残っていたとしたら、どうでしょうか。

たとえば、一九六五年に中国の山西省侯馬市で侯馬盟書《こうばめいしょ》なるものが発掘されました。

これは、前五世紀の春秋時代に晋で取り交わされた盟約文書です。ここには多数の人名が記されていて、それには「⿰豸子」「⿰弓呈」といった字が使われていました。

しかし、これらの人物は現在では忘れ去られているので、その漢字の読み方すら明らかではありません。ほとんど使い道のない漢字なのですが、『中华字海』にはこれらの漢字がしっかりと載っているのです。

たとえ人は滅びても、字は残るというわけです。

(6) 見慣れないものは変に見える

最後に、大前提を述べておきましょう。それは、「見慣れないものは奇妙に見える」という単純な事実です。

たとえば、「品」という漢字はみなさんにとっては、見慣れたありふれたものでしょう。

しかし、これが「吅《れい》」（P.66）や「㗊《きゅう》」（P.66）ならどうでしょうか。「口」という部品は同じなのに、これの並び方が変わったり、数が増えたりするととたんに異様な文字に見えてきます。

また、「聶《さ》」（P.95）や「猋《ひょう》」（P.190）はどうでしょうか。同じパーツを三つ重ねたのだから、構造としては「品」とまったく同じです。しかし、そのパーツが口から甲や犬に変わったとたんに、奇怪な漢字に変わってしまうのです。

考えてみたら、漢字のことをまったく知らない人々から見たら、すべての漢字は奇怪で不気味に見えるに違いありません。奇妙とか珍しいとかいう感覚は、ほとんどの場合は、ただの不慣れから来ているのです。

おわりに

子どもの頃に、よく漢字辞典を読んでいた。その気で見ると、ときどき妙な漢字が出てくるので面白かったのだ。

私のお気に入りは、「朧《おぼろ》」という字だった。なんだかよくわからないが、壮大な一匹の龍が、霧に煙る月に絡《から》みついているようで、格好よかった。私はこの字を筆箱に書いて持ち歩いていたが、読める者はほとんどいなかった。それが何か、人知れぬ眩《まばゆ》い秘密を抱え持っているような気がして、楽しかったのである。

それから、いつしか漢字辞典は私の手から離れていったが、数十年経ち、ふたたび読む機会に恵まれた。カタギの生活を送っていると、なかなか漢字辞典など手にすることはないものだ。私はその時、よほど退屈していたのかもしれない。

そして私が驚いたのは、「玊《しゅく》」という字が存在することだった。

何なんだ、これは。

「玉」の「丶」をずらしただけじゃないか。それで意味は「傷のある玉」か。

人をバカにしている。

そう思って辞書を眺め続けると、さらに奇妙な漢字が次々と襲いかかってきたのである。「丒《ちゅう》」「丫《あ》」「丼《どんぶと》」「忑《とく》」「[illegible]《う》」……。

これは、私にとって衝撃的だった。漢字といえば、難しくてしかつめらしいものと相場が決まっている。文章でも漢字を多用して書くと、それだけで名文に見えてくる。なのに、「玊」「丼」といった漢字のマヌケさ、キュートさは何だろう？

漢字って、ひょっとしてアホなんじゃないか。

そう思った私は、ほかにこういった変な漢字はないか探しはじめた。そして気づいたら、こんな本を書いていたのだ。

このような書物は、ほぼ存在しないようだった。おそらく本当の漢字の専門家は、あまりに多くの漢字を見慣れているので、「玊」「丼」「丒」といったブッに出くわしても「ふーん」ですましているのかもしれない。

漢字の多くは、もとは象形文字だった。それなら、純粋に漢字の「変な形」を一種のアートとして鑑賞してもいいだろう。本書は、そのような目論見《もくろみ》からも描かれた。

最後に、本書が世に出るきっかけを作ってくださったアップルシード・エージェンシーの鬼塚忠さん、栂井理恵さん、有海茉璃さん、そしてあまりにも複雑な編集作業を完遂してくださったポプラ社の碇耕一さん、編集者の出雲安見子さん、デザイナーの本橋雅文さんに深い感謝を捧げたい。

杉岡幸徳

索引

主要参考文献

『大漢和辞典』諸橋轍次／大修館書店
『新大字典』上田万年・岡田正之・飯島忠夫・栄田猛猪・飯田伝一編著／講談社
『角川　新字源　改訂新版　特装版』小川環樹・西田太一郎・赤塚忠・阿辻哲次・釜谷武志・木津祐子編／KADOKAWA
『国字の字典』飛田良文監修・菅原義三編／東京堂出版
『新潮日本語漢字辞典』新潮社編／新潮社
『漢字のルーツ　古代文字字典―甲骨・金文編―』城南山人編／マール社
『漢字のルーツ　古代文字字典―別巻古文編―』城南山人編／マール社
『日本の漢字』笹原宏之／岩波書店
『訓読みのはなし　漢字文化と日本語』笹原宏之／KADOKAWA
『方言漢字』笹原宏之／KADOKAWA
『謎の漢字』笹原宏之／中央公論新社
『漢字の歴史　古くて新しい文字の話』笹原宏之／筑摩書房
『漢字の現在　リアルな文字生活と日本語』笹原宏之／三省堂
『日本人と漢字』笹原宏之／集英社
『方言漢字とは』(「地図中心」2018年11月号掲載) 笹原宏之／一般財団法人日本地図センター
『漢字三昧』阿辻哲次／光文社
『図説　漢字の歴史（普及版）』阿辻哲次／大修館書店
『甲骨文字辞典』落合淳思／朋友書店
『漢字字形史小字典』落合淳思／東方書店
『漢字の成り立ち　「説文解字」から最先端の研究まで』落合淳思／筑摩書房
『漢字の字形』落合淳思／中央公論新社
『異体字の世界　最新版』小池和夫／河出書房新社

『見ているだけで面白い！　凄い漢字』Ｉｓｈｉ･ｍｉ･ｚｕ／ＰＨＰ研究所
『図説　日本の文字』今野真二／河出書房新社
『きっと誰かに教えたくなる　読めるようで読めない漢字　２５００』一校舎漢字研究会編／永岡書店
『読めそうで読めない間違いやすい漢字　第2弾』出口宗和／二見書房
『則天文字の研究』蔵中進／翰林書房
『古代の日本と渡来の文化』上田正昭編／学生社
『朝倉漢字講座〈2〉漢字のはたらき』前田富祺・野村雅昭編／朝倉書店
『五體字類』法書会編輯部編著／西東書房
『金石大字典』汪仁壽原輯／マール社
『中国語大辞典』大東文化大学中国語大辞典編纂室編／角川書店
『中日辞典』北京・商務印書館、小学館共同編集／小学館
『中华字海』冷玉龙・韦一心編／中华书局 中国友谊出版公司
『六書分類12巻首1巻』清傅世垚撰／聽松閣
『運歩色葉集』著者未詳　岡田希雄
『広辞苑』新村出編／岩波書店
『標註訂正康熙字典』渡部温編／講談社
『字鏡集』菅原為長
『譃字尽』式亭三馬　青雲堂
『廓簒費字尽』恋川春町　つた屋
『黄表紙「廓簒費字尽」読解』（「別冊太陽」NO.89掲載）解説＝鈴木俊幸、作字＝西沢洋子／平凡社
『山海経　中国古代の神話世界』高馬三良訳／平凡社
地球ことば村　https://www.chikyukotobamura.org
人文学オープンデータ共同利用センター　http://codh.rois.ac.jp

その他、多くの書籍、新聞、雑誌、ウェブサイトなどを参考に、必要な漢字は文字を作成し、掲載させていただきました。

杉岡幸徳《すぎおか・こうとく》
作家。兵庫県生まれ。東京外国語大学卒業。異端なもの、アウトサイダーなものを深く愛し、執筆活動を続けている。著作に『世界奇食大全　増補版』『世界の性習俗』『大人の探検　奇祭』などがある。
http://sugikoto.com

著者エージェント　アップルシード・エージェンシー
デザイン+DTP　本橋雅文(orangebird)
編集協力　mori+design, 出雲安見子

ポプラ新書
234
奇妙な漢字
2023年1月10日 第1刷発行
2023年1月30日 第2刷

著者
杉岡幸徳

発行者
千葉 均

編集
碇 耕一

発行所
株式会社 ポプラ社
〒102-8519 東京都千代田区麹町 4-2-6
一般書ホームページ www.webasta.jp

ブックデザイン
鈴木成一デザイン室

印刷・製本
図書印刷株式会社

N.D.C.810/287P/18cm ISBN978-4-591-17603-0

P8201234